MEIKE RENSCH-BERGNER

ALLTAGSPROFI, WEEKENDDIVA

Clevere Tipps für tolle Frauen

Inhalt

Ein Leben
reich an Rat

Nehmen Sie nicht jeden Rat an 7
Übernehmen Sie Verantwortung
für Ihr Leben 8
Ändern Sie nicht andere, sondern sich
selbst 10
Schlauer streiten 12
Werden Sie gescheiter 13
INTERVIEW: Aggression 16
Jede große Reise beginnt mit
dem ersten Schritt 18

Ein gelungener
Auftritt

Seien Sie pünktlich 21
Leicht in Kontakt kommen 23
Gekonnt smalltalken 25
INTERVIEW: Mode 28
Nutzen Sie den Namenszauber 30
Tragen Sie Kleider 32
Gönnen Sie sich etwas
Maßgeschneidertes 33
Ein Leben voller Komplimente 34

Top im Job

Dressed for Success 37
Jede Art von Feedback ist ein
wertvolles Geschenk 38
Eine für alle und alle für eine –
nutzen Sie Netzwerke 40
Ob kleiner Geniestreich oder große
Tat – feiern Sie Ihre Erfolge 43
INTERVIEW: Business-Etikette . . . 44
Suchen Sie sich eine Mentorin 46
Der interessanteste Gesprächspartner
weit und breit 47
Die Welt verändert sich – halten
Sie Schritt 49

Klassefrau
trifft Traumprinz

Der Richtige wartet irgendwo auf Sie . . . 51
Ihrem Mr. Right auf der Spur 52
Von Ihnen virtuell verzaubert 54
INTERVIEW: Liebeskummer 58
Lassen Sie sich einladen – und
genießen Sie es, eine Dame zu sein 60
Ein Korb ist kein Weltuntergang 62

Zeit für ein Baby? 63

Geben Sie sich nicht mit der Hälfte
zufrieden 65

Die »Lass uns Freunde bleiben«-Falle . . 67

Täuschen Sie keinen Orgasmus vor 69

Alle
meine Lieben

Ohne Punkt und Komma? Reden Sie
lieber Klartext! 71

Bye-bye, fleißiges Lieschen 73

Weihnachten kommt jedes Jahr
überraschend 74

Zum Hellsehen geboren? 75

Lassen Sie ihm seine Höhle 78

Durch die Blume gesprochen 80

Seien Sie nicht immer so perfekt 80

INTERVIEW: Beruf und Kind 82

Immer wieder sonntags 84

Alle brauchen Rituale 86

Ihr privates
Netzwerk

Gar nicht so kinderleicht – Spielerisch
Kontakt halten 89

SMS – Suche Meinen Sinn 90

Vergeben Sie Ihren Mitmenschen 92

INTERVIEW: Flirten 94

Sie müssen nicht alles wissen –
Nur Mut, fragen Sie! 98

Verabreden Sie sich zum
Mittagessen 99

Seien Sie mal wieder gut zu
Ihren Freunden 101

»Komm an mein Herz!« – Umarmen
Sie die Welt 102

Schreiben Sie Wunschzettel 104

Freizeit
ist Freu-Zeit

Haben Sie genug Zeit nur für sich?
Nehmen Sie sich frei! 107

Bevorzugen Sie Menschen, die
Ihnen guttun 109

Seien Sie mal wieder albern 110

1
2
3
4
5
6
7
8
9

Tanzen wie eine Diva 111

Blicken Sie über den Tellerrand – Suchen
Sie sich ein Ehrenamt 113

Lassen Sie sich nicht berieseln 115

INTERVIEW: Nia 116

Spielend den Alltag hinter sich
lassen 118

Erfolg zum Greifen nah – Machen Sie
etwas mit Ihren Händen 120

Gesund
und munter

Lassen Sie sich nicht unter
Druck setzen 123

Nutzen Sie jede Gelegenheit, sich zu
bewegen 127

Hüten Sie sich vor dem Jo-Jo-Effekt . . . 130

INTERVIEW: Ernährung 132

Gesundes Essen macht Spaß 136

Die Power-Muskeln für jede Frau 138

Früh erkannt, Gefahr gebannt 141

Bringen Sie Licht in dunkle Tage 143

Leichter
durchs Leben

Seien Sie mal wieder nett – zu
sich selbst 147

Perfekt im Hier und Jetzt 149

Schadenfreude ist schlecht
fürs Karma 150

Sie sind etwas ganz Besonderes 152

Sagen Sie es weiter! 154

Service

Adressen, die weiterhelfen 156

Bücher, die weiterhelfen 157

Register 159

Achte auf deine **Gedanken**,
denn sie werden deine **Worte**.
Achte auf deine **Worte**,
denn sie werden **Handlungen**.
Achte auf deine **Handlungen**,
denn sie werden **Gewohnheiten**.
Achte auf deine **Gewohnheiten**,
denn sie werden dein **Charakter**.
Achte auf deinen **Charakter**,
denn er wird dein **Schicksal**.

[Talmud]

Ein Leben
reich an Rat

→ Alltagsprofis und Weekenddivas haben eines gemeinsam: Sie lassen sich nicht einfach im Strom des Lebens treiben, sondern steuern ein Ziel an und segeln bewusst dorthin, wo es ihnen gut geht. Finden Sie den Mut, das Ruder selbst in die Hand zu nehmen. Schlagen Sie eine neue Richtung ein und machen Sie die ersten Schritte in ein wunderbares, neues Leben.

Nehmen Sie nicht jeden Rat an

»Huch«, werden Sie denken, wenn Sie diese Überschrift lesen. Was soll denn das? Sie haben sich einen Ratgeber gekauft und bekommen von mir als Erstes den Rat, nicht jeden Rat anzunehmen? Genauso ist es. Nehmen Sie es als einen Hinweis darauf, dass nicht alles zu Ihnen passen muss, was ich Ihnen empfehle. Schließlich bin ich auch nur eine ganz normale Frau, noch nicht einmal vierzig Jahre alt, und versuche trotzdem, Ihnen die Welt zu erklären. Einfach so, so wie ich sie sehe. Ich zeige Ihnen, wie ich mir das Leben leichter und schöner mache, und ich schildere Ihnen wieso. Was ich Ihnen geben kann, sind keine Zaubertricks, aber eine Menge Tipps, über die Sie nachdenken, und Ideen, die Sie ausprobieren können.

Hinter den Tipps steht meine Lebensphilosophie. Meine Haltung, die mir den Weg weist, bestimmte Dinge genau so und nicht anders anzugehen. Ich habe sicher noch nicht alles erlebt – aber ich habe viel über das Erlebte nachgedacht. Das Schöne an der Mitte des Lebens ist, dass man schon das eine oder andere erlebt und sich dazu eine Meinung gebildet hat. Nicht mehr alles ist neu und aufregend, aber es gibt weiterhin eine Menge zu lernen. Damit das Leben nicht so anstrengend ist, hat man sich eine INNERE HALTUNG zugelegt. Diese speist sich aus einer grundlegenden Einstellung, wie wir zum Leben im Allgemeinen und im Speziellen stehen, und gibt uns im Alltag Orientierung. Nicht alles müssen wir situativ immer wieder neu entscheiden. Stattdessen ergeben sich manche Entscheidungen schnell und unkompliziert aus unserer Haltung. Das vereinfacht den Alltag ganz immens. Und weil diese Haltung so wichtig ist, rate ich Ihnen, sie immer mal wieder auf den Prüfstand zu stellen und zu überdenken, ob die darin enthaltenen Maximen immer noch für Ihr Leben passend sind.

Genau das will Ihnen dieser Ratgeber bieten. Ich schreibe nicht über abstrakte philosophische Theorien, sondern schildere Ihnen Situationen aus dem ganz normalen Alltag. Alle diese Situationen sind Beispiele. Beispiele dafür, wie ich lebe und über das Leben denke. Meine Tipps und Geschichten sind keine eisernen Regeln, an die Sie sich unbedingt halten müssen. Ich hoffe aber, sie bringen Sie dazu, über sich und Ihr Leben nachzudenken.

Also: Nehmen Sie nicht jeden Rat an.

Lesen Sie und lassen Sie Ihre Gedanken schweifen. Überlegen Sie, ob meine Vorschläge zu Ihrem Leben passen. Probieren Sie sie aus, verändern oder verfeinern Sie den jeweiligen Tipp. Ganz wie Sie wünschen! Werden Sie sich darüber bewusst, welche Haltung Ihnen bei Ihren Entscheidungen hilft. Prüfen Sie, ob diese Haltung nach wie vor zu Ihnen passt oder Sie sie mal wieder ein bisschen verändern wollen. Übrigens: Statt des Wortes »Tipp« könnte ich auch das Wort »Rat« oder »Ratschlag« verwenden. Ich bevorzuge allerdings, Tipps zu geben, denn in jedem »Ratschlag« steckt auch ein »Schlag«, und schlagen möchte ich Sie nicht. Eher möchte ich Ihnen einen klitzekleinen Tritt in den Hintern geben, damit Sie sich aufraffen, mal etwas Neues auszuprobieren. Mehr nicht. Also überlegen Sie gut, welchen Rat Sie annehmen, und haben Sie viel Spaß dabei!

Übernehmen Sie Verantwortung für Ihr Leben

Das klingt erst einmal selbstverständlich. »Klar«, werden Sie denken, »natürlich übernehme ich die Verantwortung für mein Leben!« Aber tun Sie das auch wirklich? Hand aufs Herz. Wie oft schimpfen Sie auf andere? Häufig denken wir selbstmitleidig, dass die anderen angeblich schuld daran sind, wenn etwas nicht funktioniert oder es uns schlecht geht. »Mein Mann macht nie, was er soll!«, »Ich komme bestimmt zu spät wegen dieses Idioten im Auto vor mir!« – haben Sie schon mal gezählt, wie oft Sie andere für etwas verantwortlich machen?

Sie werden überrascht sein, wie häufig das vorkommt. Immer wieder schleichen sich solche Sätze in unseren Kopf. Es passiert ganz automatisch und es ist auch ganz komfortabel. Sie können schimpfen und damit etwas Dampf ablassen. Das fühlt sich richtig gut an, denn schließlich sind Sie im Recht. Und wenn man im Recht ist, dann ist es gar nicht notwendig, darüber nachzudenken, ob der Ball vielleicht im eigenen Feld liegt.

Fluchen ist nicht besonders damenhaft – aber das ist nicht der Grund, wieso ich Ihnen vom Schimpfen auf andere abrate. Ich bin der festen Überzeugung, dass es im Universum folgendermaßen zugeht: Sie gestalten mit Ihren Gedanken die Welt. Wenn Sie etwas denken, versteht »das Universum« (Gott, oder wie auch immer Sie »die da oben« nennen), dass Sie etwas sagen, und glaubt, dass Sie sich genau das wünschen (→ Seite 151). Wenn Sie nun vor sich hin fluchen, glaubt das Universum, dass Sie negative Dinge mögen, und wird Ihnen auch weiter viele Ärgernisse schicken. Dumm gelaufen.

Probieren Sie mal etwas aus. Sagen Sie laut »PUPSI«, statt zu fluchen. Das Wort »Pupsi« lässt sich nicht fluchen. Kaum haben Sie es gesagt, werden Sie lachen oder zumindest grinsen müssen, und der Ärger verfliegt im Nu. Das magische Wort »Pupsi« wirft uns auf uns zurück und zeigt uns auf humorvolle Weise, dass es überhaupt nichts bringt, sich in Situationen zu ärgern, die wir nicht ändern können. Außerdem gibt es uns neue Energie, um nach Auswegen zu suchen. Versuchen Sie es!

Es ist so einfach, über andere zu schimpfen, denn man schleicht sich damit selbst aus der Verantwortung. Sie fühlen sich als Opfer der schlechten Umstände. Aber Sie sind kein Opfer! Wenn Sie ganz ehrlich sind, sind S I E allein für die Vorbedingungen verantwortlich und »schuld«, wenn Ihnen etwas widerfährt. Der Busfahrer hat vielleicht nicht sehr lange an der Haltestelle gewartet – aber wenn Sie nicht so spät dran gewesen wären, wäre das auch kein Problem gewesen. Ihre Kollegen sind ohne Sie in die Kantine gegangen, weil Sie

EXTRA-TIPP

Selbstbewusst leben

→ Sagen Sie immer öfter »Ich will« oder »Ich möchte« statt »Ich muss«. Entscheiden Sie so oft wie möglich ganz bewusst, welche Aufgaben Sie übernehmen wollen. Und erledigen Sie sie dann mit einem Lächeln statt mit einem grimmigen Gesicht.

beim Kampf mit einem großen Dokument und dem Kopierer komplett die Zeit vergessen haben … Die anderen sind meist nur der sprichwörtliche Tropfen, der das Fass zum Überlaufen bringt.

Wenn Sie wirklich Verantwortung für Ihr Leben übernehmen, dann sorgen Sie dafür, dass alles möglichst glatt läuft. Statt auf andere zu schimpfen, überlegen Sie, was Sie das nächste Mal besser machen können, um sich nicht wieder in eine derartige Situation zu bringen. Nach und nach werden Sie Ihr Leben in kleinen Schritten ändern und mehr und mehr Verantwortung übernehmen. Und Sie werden sehen: Es fühlt sich sehr gut an, das Schicksal nach und nach immer fester in der Hand zu haben!

Ändern Sie nicht andere, sondern sich selbst

Eine fantastische Möglichkeit, sich das Leben schwer zu machen, ist der stete Versuch, andere Menschen zu ändern. In den meisten Fällen klappt das nämlich nicht. Menschen haben fast immer klare Vorstellungen davon, wie sie etwas machen wollen bzw. wie eine Sache zu funktionieren hat, und mögen es überhaupt nicht, wenn jemand eine Alternative vorschlägt. Der Mensch ist ein Gewohnheitstier. Es ist bequem und angenehm, alles beim Alten zu lassen. Schließlich hat sich die bisherige Vorgehensweise bewährt.

Wenn Sie einen Menschen verändern oder zu neuen Verhaltensweisen bringen wollen, sträubt sich dieser erfahrungsgemäß vehement. Manchmal ignoriert er einfach Ihre Wünsche, manchmal argumentiert er dagegen. Wenn es sich nur um eine einmalige Kleinigkeit handelt, erfüllt er Ihnen vielleicht sogar Ihren Wunsch – aber nur Ihnen zuliebe.

Doch mal davon abgesehen, wie kommen Sie eigentlich dazu, andere Menschen verändern zu wollen? Wissen Sie es besser? Und selbst wenn! Auch wenn Sie etwas besser wissen als jemand anders, und auch wenn Sie noch sosehr der festen Überzeugung sind, dass Ihre Art und Weise, die Dinge zu sehen, einfach die bessere, effizientere oder schönere Alternative ist, etwas zu tun – dann heißt das noch lange nicht, dass sich der andere dem automatisch fügen muss! Wenn Sie die Mutter eines Kindes sind, haben Sie das Recht und die Verantwortung, Ihr Kind zu erziehen – aber Erwachsene werden Sie niemals »erziehen« können.

Das klingt jetzt sicher enttäuschend für Sie, denn wie oft wünscht man sich im Alltag, dass jemand doch bitte etwas anders machen soll. Das fängt bei den Nachbarn an, die grundsätzlich so schief in den Parklücken stehen, dass nur zwei statt drei Autos in dem vorgesehenen Platz parken können, und geht bei Ihrem Mann weiter, der grundsätzlich etwas Dringendes zu erledigen hat, wenn die Urlaubsplanung ansteht. Ärgerlich!

Meiner Erfahrung nach bringt es aber wenig, sich zu ärgern. Das bringt auf Dauer nur hässliche Falten, sonst nichts. Und die brauchen Sie wirklich nicht. Sie benötigen eine Alternative, denn die reine buddhistische Gelassenheit des Dalai Lama hat wohl niemand sonst zu bieten. Was können Sie also tun, wenn Sie das dringende Bedürfnis verspüren, jemand anders auf den rechten Weg zu führen? Ändern Sie sich selbst! Es ist wirklich erstaunlich, aber es funktioniert! Eigene Veränderungen haben Nebenwirkungen. Wenn Sie plötzlich etwas anders als gewohnt machen, werden Sie feststellen, dass sich sehr häufig in Ihrer Umwelt etwas verändert. Und schwupps, haben Sie eine Verhaltensänderung bei anderen Menschen erreicht – indirekt, aber taktisch geschickt.

Sie kennen vielleicht das Problem mit dem Gatten, der sich stets vor allem Möglichen und insbesondere vor der Urlaubsplanung drückt. Wie haben Sie bisher versucht, ihn dazu zu bringen, wenigstens eine Meinung zum Urlaubsziel zu äußern, geschweige denn, überhaupt mal die Planung in die Hand zu nehmen? Haben Sie gewünscht, immer wieder gebeten oder angeordnet, und es hat nichts gebracht? Wie wäre es mal damit, etwas anderes zu versuchen? Statt allein eine Reise für zwei zu planen, buchen Sie doch einfach eine Reise für sich und eine Freundin. Wenn er zu bequem ist, sich um Ihre gemeinsame Freizeitgestaltung zu kümmern, dann fahren Sie eben ohne ihn. Statt wie jedes Jahr murrend die gemeinsamen Ferien zu organisieren, sollten Sie mal etwas anderes tun. Und wer weiß: Vielleicht gefällt es ihm gar nicht, allein zu Hause zu bleiben, während Sie sich amüsieren. Vielleicht legt er sich schon im nächsten Jahr wie verrückt ins Zeug, einen Traumurlaub für Sie beide in die Tat umzusetzen. Statt herumzusitzen und sich zu bemitleiden, statt anderen vorzujammern, wie schrecklich Ihr Leben ist, können Sie selbst kreativ werden. Das müssen Sie sogar, denn sonst ändert sich nichts. Schließlich wollen Sie doch zufrieden und glücklich werden, oder?! Probieren Sie es aus. Durchbrechen Sie die Routine und verhalten Sie sich zur Abwechslung mal ganz anders – Sie werden Ihre Mitmenschen überraschen und selbst ganz erstaunt sein, welche Reaktionen Sie damit auslösen!

Schlauer streiten

Kennen Sie folgende Situation? Man streitet und streitet, das Wortgefecht wird immer hitziger und keine Lösung ist in Sicht. Sie verstehen einfach nicht, wieso der andere Ihre Argumente nicht nachvollziehen kann und seine Meinung nicht ändert. Sie haben sie doch oft genug wiederholt! Eine typische Situation. Beide Konfliktpartner sitzen fest in ihrer Ecke und weichen keinen Millimeter von ihrer festgefassten Meinung ab. Statt sich gedanklich ein bisschen zu bewegen, um nach einer konstruktiven Lösung zu suchen, werden die Argumente Mal um Mal wiederholt. Manchmal variiert man die Formulierungen und setzt noch eine Erklärungsschleife dazu – die den anderen natürlich umso mehr nervt! Nichts passiert, außer dass die Situation immer auswegloser erscheint.

Es gibt viele Möglichkeiten, einen Streit nicht eskalieren zu lassen – Sie müssen nur ein wenig von Ihrer bisherigen Strategie abweichen und Ihr Verhalten ändern. Sie können zum Beispiel Fragen stellen, um zu ergründen, wieso der andere »so komisch« argumentiert. Vielleicht sind Sie in Ihren Streitpositionen gar nicht so weit voneinander entfernt, wie Sie zunächst annehmen. Achten Sie auch darauf, Ihre Gefühle zur Sprache zu bringen. Dann ist es für den anderen leichter zu verstehen, wieso Sie streiten, ohne dass er sich angegriffen fühlt. Oder aber Sie vertagen die Klärung, im gemeinsamen Einverständnis, auf später, wenn die Emotionen wieder etwas abgekühlt sind. Statt immer nur »mehr vom selben« zu versuchen, bieten Sie etwas Neues, auf das der Partner reagieren kann. Sie werden staunen, wie schnell in so einem Fall Lösungen in Sicht sind!

Meinen Mann habe ich übrigens nicht nur geheiratet, weil er mir die »Vier Faustregeln des Streitens« beibrachte und ich jedes Mal lachen muss, wenn er mich darauf hinweist, dass ich sie aus Versehen angewendet habe. Ich habe ihn geheiratet, weil wir bei jedem Streit eine gemeinsame Lösung finden. Dabei passiert es fast nie, dass sich einer von uns beiden mit seiner Idee durchsetzt. Wenn wir uns streiten, gibt es niemals einen Gewinner und einen Verlierer. Stets bewegen wir uns argumentativ aufeinander zu, weil wir uns zuhören und bemühen zu verstehen, warum der andere dieses oder jenes Argument wichtig findet. Dann passiert in der Regel etwas ganz Wunderbares: In unserem Gespräch bildet sich eine neue Idee. Sie ist weder These noch Antithese, sondern eine Synthese, also etwas grundsätzlich Neues. Und das ist dann die Lösung unseres Problems, mit der wir beide gut leben können.

Vier »Faustregeln«
fürs Streiten

Lachen und ein schnelles Streitende sind garantiert, wenn Sie sich gegenseitig auf die Einhaltung der Streitregeln hinweisen.

1. Wiederholen Sie alles mehrfach, damit Ihr Gegenüber endlich versteht, dass Sie recht haben, und sich fügt.

2. Falls 1. nicht ausreichte, um Ihren Willen durchzusetzen, werden Sie bei jeder Wiederholung etwas lauter, bis Sie sich anschreien.

3. Benutzen Sie besonders häufig die Wörter »immer« und »nie«, um die Dramatik der Situation zu verschärfen und Ihren Gegenüber als ganze Person anzugreifen.

4. Die Kür: Entmündigen Sie Ihr Gegenüber mit Sätzen wie »Werd doch endlich erwachsen!«.

Werden Sie gescheiter

Ist Ihnen schon mal aufgefallen, dass die Wörter »scheitern« und »gescheiter« ganz ähnlich klingen? Ich habe das erst vor Kurzem bemerkt.

Schon vor vielen Jahren beschloss ich, das Unnützwort »scheitern« aus meinem Vokabular zu streichen. Was bringt es mir, fragte ich mich damals, einen Versuch als gescheitert zu bezeichnen, um anschlie-ßend frustriert im Selbstmitleid zu versinken? Gar nichts! Besser ist es doch, zu erkennen, WANN man besser mit einem Projekt aufhört – bevor es einen vollends ruiniert –, und, noch wichtiger, zu überlegen, was man ALS NÄCHSTES tun könnte. Und am allerbesten ist es, wenn man aus dem Erlebten lernt. Denn durch Lernen werden wir gescheiter.

Das Leben ist ein ständiges Anfangen und Wieder-Beenden. Genauso funktioniert Lernen. Wir beginnen etwas, machen Erfahrungen, und irgendwann wenden wir uns etwas Neuem zu. Entweder weil wir erreicht haben, was wir wollten, oder aber weil wir einsehen, dass dieses oder jenes Projekt eben nicht das Richtige für uns ist. Und Projekt meint jetzt nicht nur die großen und kleinen Aufgaben in Ihrem Job, sondern es kann auch Ihre Arbeit an sich sein, eine Beziehung, ein neues Hobby, das Sie sich zugelegt haben – oder ein bestimmtes Ideal, dem Sie hinterherrennen. Viele Menschen glauben, dass es ein Zeichen von Schwäche ist, mit etwas Begonnenem aufzuhören. Das glaube ich nicht! Ich halte es vielmehr für einen Irrtum, Erfolge erzwingen zu wollen, wenn das Projekt einfach nicht zum Menschen passt. Was hat es schließlich für einen Sinn, wie ein Hamster im Hamsterrad immer weiter und weiter zu machen, wenn kein Ziel in Sicht ist? Es kostet unglaublich viel Kraft und bereitet nur wenig Freude. Manche Aufgaben, die wir begonnen haben, oder manche Projekte, die wir freudestrahlend angegangen sind, stellen sich im Laufe der Zeit als unlösbar, als unbefriedigend oder schlichtweg als unrentabel heraus. Ist es dann nicht klüger zuzugeben, dass man sich geirrt hat, und der ganzen Sache ein Ende zu setzen? Ich meine »ja«, denn irgendwann sind Sie nur noch verbissen, und Verbissenheit führt selten zum Ziel. Aber passen Sie auf, dass Sie nicht zu früh aufgeben! Es ist alles eine Frage des Maßes: Wie lange ist es sinnvoll, sich für ein Projekt zu engagieren, bei dem nicht alles wie geschmiert läuft? Natürlich gibt es Herausforderungen, denen wir uns stellen sollten, wollen wir am nächsten Tag noch in den Spiegel schauen und Respekt vor uns haben. Zu früh aufgeben fühlt sich wirklich

wie mieses Scheitern an, und Sie schämen sich ein bisschen, weil Sie zu schwach waren, um ein wenig länger durchzuhalten oder sich eine neue, Erfolg versprechendere Herangehensweise auszudenken. Zögern Sie aber zu lange und haben sich schon mehr Zeit als nötig in ein Projekt verbissen, das einfach nicht vorankommen will, dann mögen Sie vermutlich auch nicht mehr in den Spiegel schauen, denn ein verbissenes Gesicht ist auch alles andere als sexy!

Wenn Sie verunsichert sind, ob Sie bereits zu viel investiert haben oder ob es Möglichkeiten gibt, das Projekt vielleicht ganz anders anzugehen, ist es an der Zeit, sich Unterstützung zu holen. Ein anderer kann mit objektiven Augen ein Projekt betrachten, in dem wir selbst viel zu tief stecken. Er kann uns wertvolle Tipps geben und helfen, das richtige Maß zu finden. Denn es gibt Situationen im Leben, egal ob beruflich oder privat, in denen man sich einfach festgefahren hat. Sie kommen immer wieder zu den gleichen Schlüssen? Sie sehen einfach keinen Ausweg? Dann hilft es, mit jemand anders über dieses Thema zu reden. Vier Augen sehen mehr als zwei, und manchmal bedarf es nur einer kleinen Frage oder einer Idee, auf die man selbst nicht gekommen wäre, um aus dem ewigen Kreislauf auszubrechen und etwas komplett Neues zu probieren. Freunde oder Partner sind häufig erste Wahl für

solche Gespräche. Doch manchmal sind auch nahestehende Personen gefangen in einer Situation, parteiisch oder auch schlicht ratlos. In so einer Situation kann es sehr hilfreich sein, sich eine Stunde Coaching bei einem professionellen Coach zu gönnen, der in Gesprächstechniken und Beratung geschult ist. Schon eine Stunde Coaching öffnet den Blick für neue Möglichkeiten. Sie lösen Ihr Problem und erkennen, wie Sie das Gelernte auf andere Situationen übertragen können. Zukünftig fällt es Ihnen leichter zu entscheiden, bei welchen Fragestellungen es sich lohnt, dranzubleiben, weil diese Vorhaben einfach zu Ihnen passen und Sie glücklich machen. Doch manchmal ist der einzige Rat, der wirklich hilft, der, das Projekt zu beenden. Nach sorgfältiger Überlegung würde ich ein so beendetes Projekt niemals als Scheitern betrachten!

Damit es nicht in Beliebigkeit ausartet, Sie wahllos Projekte beginnen und wieder aufgeben, ist es wichtig, dass Sie sich das, was Sie getan haben, noch einmal genauer ansehen. Analysieren Sie, was gut gelaufen ist und welche Talente Sie für einen Erfolg eingesetzt haben. Schauen Sie auf das, was nicht so gut gelaufen ist, und fragen Sie sich, wie Sie es das nächste Mal besser machen könnten. Was möchten Sie dazulernen, welche Aufgaben könnten Sie das nächste Mal delegieren?

Bärbel Sievers-Schaarschmidt ist Supervisorin und Beraterin in Hamburg. Ob sie in Supervisionen Hinweise gibt, den Arbeitsalltag zu verbessern, Trauerseminare auf einem Segelschiff im Mittelmeer gibt (www.care-and-sail.de) oder Menschen hilft, mit ihren Aggressionen umzugehen: Ihr Motto ist immer »Trau dich!«.

Was genau versteht man eigentlich unter Aggression?

Aggression ist eine wichtige Lebensenergie, die Klarheit bringt.

Diese Antwort hätte ich jetzt nicht vermutet. Ich dachte, Aggression wäre etwas Negatives, etwas, das es zu vermeiden gilt.

Nein, Aggression ist ein Gefühl wie jedes andere. Dieses Gefühl gilt es wahrzunehmen und dann etwas »Vernünftiges« damit zu machen. Statt ständig auf kleiner Flamme zu köcheln, nehme ich zum Beispiel meine Battakas (weiche Stöcke aus dem Aggressionstraining) und prügele ein paarmal auf mein Sofa ein. Sofort fühle ich mich besser und kann dann ruhig darangehen, die Sache, die mich ärgert, aus der Welt zu schaffen.

Habe ich Sie eben richtig verstanden: Sie prügeln Ihr Sofa?

Ja klar, ich prügele mein Sofa, ich zerreiße eine alte Zeitung oder ich schlage mit einer leeren Plastikwasserflasche auf meinen Schreibtisch. Hauptsache dabei ist, ich löse die Spannung in meinem Körper.

Wenn Sie sich Wut verbieten, dann schneiden Sie sich einen großen Anteil wichtiger Lebensenergie ab, die durch das Verbot nicht automatisch verschwindet. Sie kennen das sicherlich: Zurückgehaltene Aggressionen äußern sich in Verspannungen, Kopf- oder Magenschmerzen. Es gilt, die Form des Auslebens zu verändern. Es ist sehr erleichternd, Aggressionen auszuleben, ohne jemand anders oder sich selbst zu verletzen. Und das lässt sich lernen.

Sie vermitteln Techniken, wie man laut schreiend um sich schlägt, um Aggressionen abzureagieren. So etwas ist aber nicht in jeder Situation machbar. Wozu raten Sie, wenn einen die Wut z. B. im Büro überkommt?

Dann gilt es, sich einen Raum zu suchen, wo man sich etwas trauen kann. Sie müssen allerdings nicht in jeder Situation schreien und schlagen. Ich unterscheide zwischen dem großen Ärger und dem kleinen Ärger. Für den kleinen Ärger gibt es ein kleines Ablaufschema, wie Sie mit Ihrem Gegenüber respektvoll ins Gespräch kommen, um das Problem zu lösen: Fragen Sie, ob Ihr Gegenüber jetzt Zeit zur Klärung der Situation hat. Schildern Sie ihm eine konkrete Situation und ihre Gefühle dazu. Und äußern Sie einen ganz konkreten Wunsch zur Verhaltensänderung.

Das klingt alles sehr interessant, trotzdem ist mir die Vorstellung etwas unheimlich, eines Ihrer Seminare zu besuchen, wo man schreiend Um-sich-Hauen lernt. Diese Verhaltensweise ist mir fremd, weil ich sie irgendwie als »unfein« empfinde ...

Die Aggressionen wurden uns aberzogen, weil sie sich angeblich für zivilisierte Menschen nicht gehörten. Deswegen fangen wir in den Trainings mit kleinen Übungen an, um sich daran zu gewöhnen, derartige Gefühle zu entdecken und herauszulassen. Die Teilnehmer entdecken schnell, dass das sogar großen Spaß machen kann. In den Trainings geht es auch darum, das Gelernte in das normale Leben zu integrieren. Eine sehr gute Strategie ist es zum Beispiel, einmal die Woche gründlich den »Wut-Tank« zu leeren, damit es erst gar nicht zu Magengeschwüren kommen kann. Ich muss sagen, mein Sofa ist eigentlich immer sehr staubfrei ...

Gerade Frauen haben oft Schwierigkeiten mit Aggressivität, weil unter Weiblichkeit etwas anderes verstanden wird.

Ja, aggressives Verhalten von Frauen wird viel zu oft negativ bewertet, nach dem Motto »Die ist aber zickig«. Ich rate Frauen dringend, für sich eine Lösung zu finden, wie sie ihre aggressiven Gefühle positiv nutzen können, statt sich ständig zurückzunehmen. Letzten Endes lernt man, insgesamt besser für sich selbst zu sorgen, statt die wahren Gefühle immer wieder hinter Tränen und Migräne zu verstecken. Aggression ist ein Grundgefühl, das einfach zu unserem Leben dazugehört und seinen Weg gehen muss. Wenn man sich traut, die eigenen Aggressionen wahrzunehmen und positiv zu nutzen, dann ist man viel mehr bei sich und wird insgesamt um einiges zufriedener.

Wenn Sie etwas versucht haben, dann haben Sie Mut bewiesen. Sie haben bekanntes Terrain verlassen und sind zu neuen Ufern aufgebrochen. Sollten Sie sich dazu entschieden haben, dass das Neue doch nichts für Sie ist, haben Sie immerhin wieder etwas über sich gelernt. Auch das ist immens wichtig. Trauern Sie niemals Vergangenem hinterher! Sie haben sich nicht ohne Grund dazu entschlossen, neue Wege zu gehen. Auch wenn Ihr Projekt nicht so gelaufen ist wie gewünscht, haben Sie es zumindest versucht – und das ist besser, als immer nur zu verharren. Wenn Sie ein Projekt beendet haben und anschließend genau analysieren, was gut und was weniger gut gelaufen ist, dann sind Sie alles andere als gescheitert – aber gescheiter sind Sie geworden! Und das kann Ihnen niemand mehr nehmen.

Jede große Reise beginnt mit dem ersten Schritt

Es lohnt sich immer, Tipps umzusetzen, etwas Neues auszuprobieren und Veränderung zu wagen. Wer Alltagsprofi und Weekenddiva werden will, muss sein Leben in die Hand nehmen und Situationen verändern, die nicht wie geschmiert laufen. Von allein passiert nichts. Doch manchmal sind wir wie gelähmt, und es fällt uns schwer, den ersten Schritt zu tun. Große oder kleinere Ängste treten immer auf, wenn etwas Unbekanntes auf einen wartet. Es ist, als müssten wir wie ein kleines Kind ein dunkles Zimmer betreten – unsere Vorstellung lässt Gespenster hinter der Tür lauern. Verdrängen funktioniert nicht, oder zumindest nur für eine Weile, dann kommt die Angst vor dem Unbekannten zurück. Lassen Sie sich von Ihrer Angst nicht ins Bockshorn jagen! Sie werden nur dann Aufregendes erleben und innerlich wachsen, wenn Sie Ihren Ängsten ins Gesicht schauen und sich trauen, in ein neues Leben loszumarschieren. Dazu müssen Sie sich nur eine einzige Frage stellen: »Was könnte schlimmstenfalls passieren, wenn ich mein Vorhaben umsetze?« Wenn Sie diese Frage beantwortet haben, kann Ihnen nichts mehr passieren. Sie sind für alle Eventualitäten gewappnet und können beruhigt damit beginnen, etwas Neues auszuprobieren. Überlegen Sie ernsthaft, was an Unvorhergesehenem und Störendem eintreten könnte, aber fabulieren Sie auch kreativ und ungehemmt, welche auch noch so absurden Katastrophen Sie aus der Bahn werfen könnten. Sie dürfen sich Horrorszenarien ausmalen, egal für wie wahrscheinlich oder unwahrscheinlich Sie diese zunächst halten. Versuchen Sie möglichst alles zu bedenken, was geschehen könnte. Kreativität funktioniert am besten, wenn man zunächst alle vernünftigen Gedanken beiseiteschiebt und wild drauflosfantasiert. Als Nächstes überlegen Sie, welche dieser Horrorszenarien wirklich wahrscheinlich sind. Sie werden sehen, dass Sie schon einen Großteil der »Dämonen« aussortieren können. Die restlichen furchtbaren Varianten können Sie entschärfen, indem Sie sich überlegen, welche Vorkehrungen Sie im Fall der Fälle ergreifen würden. Notieren Sie sich:

→ wie Sie Ihr Vorhaben Schritt für Schritt organisieren, was wichtig ist und was genau Sie dafür benötigen,

→ wen Sie bei diesem Projekt um Hilfe und Unterstützung bitten können,

→ welche Vorsichtsmaßnahmen notwendig wären, um Pannen zu vermeiden.

Wenn Sie all das bedacht haben, werden Sie sehen, dass es gar nicht mehr so abwegig ist, die Veränderung in Ihrem Leben zu wagen. Alles ist machbar, wenn Sie es wollen. Tun Sie dann den ersten Schritt und freuen sich darüber, dass er Ihnen gelungen ist. Der zweite Schritt geht schon etwas leichter, und ohne dass Sie es merken, werden Sie ins Laufen kommen und schließlich Ihr Ziel erreichen.

EXTRA-TIPP

Rüstzeug für den Ausflug in ein besseres Leben

1 Fragen Sie sich, was Sie gern verändern möchten.

2 Stellen Sie sich vor, was schlimmstenfalls passieren kann.

3 Beurteilen Sie, wie wahrscheinlich diese Ereignisse eintreten werden.

4 Vergessen Sie alle Störfaktoren, die mit großer Wahrscheinlichkeit niemals eintreten werden, und lachen Sie darüber.

5 Überlegen Sie sich für alle sehr wahrscheinlichen Möglichkeiten, was Sie tun würden, falls diese Situationen eintreten. Planen Sie möglichst genau.

6 Legen Sie los und probieren Sie etwas Neues!

Ein gelungener Auftritt

2

→ Genießen Sie den großen Auftritt wie eine richtige Diva. Sehen Sie atemberaubend gut aus und gönnen Sie sich hin und wieder kleine Starallüren, die man Ihnen sicherlich gern verzeihen wird. Punkten Sie großzügig mit Ihren weiblichen Stärken. Sie werden sehen, so kommen Sie leicht in Kontakt und genießen ein Leben voller Komplimente. Kurzum: Be a star!

Seien Sie pünktlich

Von Marilyn Monroe ist der Ausspruch überliefert: »Ich komme eigentlich nie zu spät; die anderen haben es bloß immer so eilig.« Gehören auch Sie zu den Menschen, die überall zu spät kommen? Wenn ja, haben Sie bestimmt noch die Ermahnungen von Müttern und Lehrern im Ohr. Aber seufzen Sie nicht und sagen »Das ist nun einmal so«, sondern lassen Sie sich von den Vorteilen der Pünktlichkeit überzeugen. Mir ging es genauso. Ich fragte mich früher oft, wieso es zwei Sorten von Menschen gibt: die einen, die stets pünktlich, ja sogar zu früh an einem vereinbarten Ort eintreffen, und die anderen, die ständig die U-Bahn verpassen oder im Verkehr stecken bleiben und deswegen unpünktlich sind. Lange Jahre fand ich keine Antwort auf diese Frage und ging schließlich

davon aus, dass die Menschheit eben unabänderlich in diese beiden Gruppen geteilt ist. Ich handelte mir mal kleinen, mal größeren Ärger mit meiner Unpünktlichkeit ein. Außer dem latenten schlechten Gewissen, das nach einer Rüge aber doch recht schnell wieder verflog, hatte ich keinen Grund, mein Verhalten zu ändern. Selbst als ich eine Frau kennenlernte, die es mit der Pünktlichkeit wirklich sehr ernst nahm, schaffte ich es nicht, eine gute Freundin zu sein und ihr zuliebe pünktlicher zu werden. Sie war sehr streng. Selbst bei einem lang ersehnten Date mit einem Traummann ging sie, wenn der Mann nicht pünktlich erschien. Diese Haltung beeindruckte mich, und mir war schon klar, dass sie mir gegenüber genauso viel Strenge walten lassen würde, wenn sie schon so hohe Maßstäbe bei Traummännern anlegte. Ich bemühte mich also, ihr zuliebe, zu unseren Verabredungen pünktlich zu sein, und es gelang mir auch in zwei Drittel der Fälle. Leider blieb dieses letzte Drittel. Immer wieder passierte es mir, dass ich zu spät kam. Ich hatte schon ihr strafendes Gesicht vor Augen und geriet in Panik, ich packte übereilt meine Sachen zusammen (und vergaß die Hälfte), ich rannte und schwitzte und kam dennoch immer wieder zu spät. Das gab natürlich Ärger! Immer wieder passierte es, dass meine Freundin mich sitzen ließ. Statt wie geplant gemeinsam einen Kaffee zu trinken oder ins Kino zu gehen, war sie nach Hause gegangen. Damit war uns beiden der Abend verdorben.

Eines Tages kam ich zu spät zu einer Verabredung mit einem ehemaligen Professor. Ich schätzte diesen Mann sehr und ärgerte mich wie verrückt, dass ich ausgerechnet zu dieser Verabredung zu spät kam, bei der er mir beruflich behilflich sein wollte. So ein Mist! Ich hatte aber Glück: Er wartete auf mich – und erteilte mir eine wichtige Lektion. Er sagte, er sei sehr gekränkt, dass ich zu spät kommen würde, denn das zeigte ihm, dass ich ihn nicht respektieren würde. Wenn ich zu spät losging, weil ich »eben schnell« die Geschirrspülmaschine ausräumen oder meine Mutter anrufen wollte, dann wären mir diese Dinge wichtiger als die Zeit, die er in unser Treffen investiert. Ich würde seine Zeit verschwenden, und das wäre nicht fair.

EXTRA-TIPP

Pünktlich kommen leicht gemacht

→ Stellen Sie sich einen Kurzzeitwecker (einen Küchenwecker, der nach maximal einer Stunde klingelt), um pünktlich aus dem Haus zu kommen. Sie wissen, wie viel Zeit Sie üblicherweise brauchen, um sich fertig zu machen, die Schuhe anzuziehen und das Haus zu verlassen – wenn nicht, finden Sie es heraus. Genau diese Zeit sollten Sie sich fest reservieren und nichts mehr dazwischenkommen lassen. Die Zeit vor dem Verlassen des Hauses ist nur noch für Tätigkeiten reserviert, die Sie auf der Stelle liegen lassen können, um pünktlich loszukommen.

Endlich verstand ich. Genau das hatte meine Freundin gemeint! Erst jetzt konnte ich nachvollziehen, wieso Menschen so gekränkt waren, wenn ich zu spät kam. Ich setzte keine Prioritäten! Nur weil es mir in den Sinn kam, noch fix dies und das zu erledigen, kam ich zu spät. Wenn ich die anderen und ihre Bedürfnisse wirklich ernst nähme, wenn ich ihnen wirklich Respekt entgegenbrächte, würde ich sorgfältiger planen, wann ich das Haus verlassen muss, um – trotz unkalku-lierbarer Risiken – pünktlich zu kommen. Ich bin unendlich dankbar für diese Lektion, denn seitdem gestaltet sich mein Leben wesentlich angenehmer. Mein Verhältnis zu anderen ist jetzt entspannt und freundlich, denn wir spüren den gegenseitigen Respekt, den wir einander bezeugen, nun mal deutlich an solchen »Kleinigkeiten« wie Pünktlichkeit. Ich lernte, dass ich entscheiden muss, was mir wirklich wichtig ist – Respekt und Pünktlichkeit gehören für mich auf jeden Fall dazu!

Leicht in Kontakt kommen

Ich bin sicher, Sie wissen, was als Erstes passiert, wenn zwei Menschen in Kontakt treten. Richtig: Ihre Blicke begegnen sich. Also, warum schauen Sie so oft verlegen auf den Fußboden oder aus dem Fenster, wenn Sie mit Fremden in einem Raum sind? Wäre es nicht schade, wenn Sie durch dieses Verhalten die Begegnung mit einem faszinierenden Menschen versäumen würden?

Die meisten Menschen haben Lust darauf, andere Menschen kennenzulernen. Natürlich gibt es Ausnahmesituationen, das kennen Sie von sich selbst: Manchmal hat man es eilig, ist traurig, beschäftigt oder konzentriert und hat einfach keinen Blick für andere. Das bedeutet aber nicht, dass man GRUNDSÄTZLICH kein Interesse hätte. Genau das sollten Sie ins Kalkül ziehen. Sie können ruhig davon ausgehen, dass die meisten Menschen offen für Begegnungen sind.

Sollte sich herausstellen, dass es einmal nicht der Fall war, hat das nichts mit Ihnen zu tun, sondern allein damit, dass es der falsche Moment war (→ »Ein Korb ist kein Weltuntergang«, Seite 62). Es besteht also kein Grund, ängstlich zu sein. Niemand wird Ihnen den Kopf abreißen, wenn Sie freundliches Interesse zeigen. Im Gegenteil: Die meisten Menschen werden sich sogar geschmeichelt fühlen und sich freuen, wenn sie angesprochen, angeschaut und angelächelt werden.

Beherzigen Sie aber den Unterschied zwischen Augenkontakt und anstarren! Ein tiefer Blick in die Augen ist etwas Intimes und nur sehr nahestehenden Personen vorbehalten. Deswegen ist es uns unangenehm, wenn unsere Augen einem anderen Augenpaar begegnen. Wir fühlen uns irgendwie erwischt und bedrängt. Unerwartet ist uns jemand (zu) nahegetreten, obwohl er sich keinen Millimeter bewegt hat. Diese Gefühle sind in Ordnung, weil sie ganz normal sind. Das geht vielen Menschen so – auch Ihrem Gegenüber. Lassen Sie sich davon nicht einschüchtern.

Entscheidend ist, was dann passiert. Angenehmer Augenkontakt, also das Berühren der Blicke, kommt Stück für Stück zustande. Jemand schaut zu uns hin, wir sehen überrascht woandershin, werden neugierig und schauen zurück. Irgendwann begegnen sich die Blicke, wenn beide auch nur ein kleines bisschen neugierig sind. Und dann lächelt man einfach. Man signalisiert mit einem Lächeln, dass man sich freut und freundlich gesinnt ist. Nicht mehr und nicht weniger. Dann darf man auch wieder den Blick abwenden, ohne dass es unhöflich und abweisend ist. Das

Ganze passiert in wenigen Sekunden und wird uns nur selten bewusst.

Um Menschen kennenzulernen, brauchen Sie gar nichts anderes zu tun, als sich umzusehen und aufmerksam zu sein. Früher oder später werden Sie jemanden, der Sie interessiert, entdecken und Blickkontakt aufnehmen. Dann gilt es, eben NICHT sofort SCHÜCHTERN WEGZUSEHEN, sondern einfach kurz zu LÄCHELN. Und schon sind Sie in Kontakt. (Mehr dazu auch im Interview zum Thema »Flirten« mit Nina Deißler auf Seite 94.)

Viele Menschen fragen mich, wie sie auf Veranstaltungen, auf denen sie niemanden kennen, vermeiden, einsam am Büfett zu versauern (→ auch »Der interessanteste Gesprächspartner weit und breit«, Seite 47). Andere fragen, wie sie es auf der Suche nach Mr. Right anstellen können, überhaupt Männer zu treffen. Genau so!

Bringen Sie einfach ein bisschen Interesse an Menschen und Begegnungen mit. Doch hüten Sie sich vor all zu großen Erwartungen. Wenn Sie losmarschieren und sofort in der nächsten Straßenbahn Ihren Traumprinzen treffen oder sich den neuen Auftraggeber für Ihr Geschäft schon am ersten Messestand angeln wollen, dann hängt die Latte verdammt hoch! Wenn Sie so zielgerichtet nach vorn preschen, ist die Enttäuschung vorprogrammiert, denn es ist nicht sicher, dass Ihr zufälliger Blickkontakt gleich alle Ihre Erwartungen erfüllt. Beschließen Sie einfach, ein paar nette Begegnungen zu haben, ein paar interessante Menschen kennenzulernen – und dann warten Sie ab, was geschieht. Sie werden sehen: Ihr Leben wird reicher, wenn Sie Blickkontakte mit Fremden nicht mehr weitestgehend meiden, sondern immer öfter ein Lächeln verschenken.

Gekonnt smalltalken

Für die einen ist Smalltalk etwas so Selbstverständliches, dass sie sich wundern, wieso man dafür extra Tipps geben muss. Für viele andere ist er hingegen eine große Herausforderung. Doch Smalltalk gehört zum Leben dazu und hilft Ihnen außerdem, beruflich erfolgreicher zu werden. Smalltalk hat erstaunlicherweise gar kein gutes Image. Wieso eigentlich? Manche Menschen denken, Smalltalk sei weniger wert als ernste, tiefgreifende Gespräche. Diese Betrachtungsweise finde ich müßig. Das ist, wie Äpfel und Birnen zu vergleichen. Beim Smalltalk tritt das Gesprächsthema in der Tat in den Hintergrund. Es ist an und für sich nicht wichtig, worüber man spricht. Der Kontakt steht im Vordergrund. Das Gespräch selbst ist nur das Mittel zum Zweck – nämlich Verbindung zueinander aufzunehmen. Zwei oder mehr Menschen begegnen sich und reden miteinander, anstatt verlegen herumzustehen. Sie plaudern sich ein bisschen warm, lernen sich kennen und lockern die vielleicht angespannte Atmosphäre. Das ist doch etwas ganz Wunderbares!

Smalltalk bietet die Gelegenheit, sich gegenseitig zu beschnuppern, ohne zu viel von sich preiszugeben. Sie reden über dies und das, ohne gleich zum Eingemachten

AHA!

Lächeln
macht schön

Ein Lächeln ist das schönste Mini-Geschenk, das Sie jemand machen können. Es kostet Sie nichts und der andere freut sich. Wir mögen einfach, wenn jemand lächelt. Es steckt förmlich an. Das kann man schon bei Babys beobachten. Lächeln Sie so einen Zwerg an, und er wird zurücklächeln.

Wenn Sie lächeln, sehen Sie nicht nur hübscher aus, auch Ihre Stimme klingt sehr viel angenehmer. Wenn wir die Mundwinkel heben, dann hebt sich auch der Kehlkopfdeckel, und unsere Stimme klingt weicher und wärmer.

Es gibt einen weiteren Grund, wieso Lächeln ganz wunderbar ist. Wenn Sie Ihre Gesichtszüge verärgert verziehen oder traurig hängen lassen, dann gebrauchen Sie wesentlich mehr Muskeln als beim Lächeln. Das macht auf Dauer tiefe Falten. Und Lachfältchen sind wesentlich reizvoller als eine grüblerische Stirnfalte. Also lächeln Sie mal wieder!

zu kommen. Sie plätschern sozusagen ein bisschen umeinander herum und finden heraus, ob Sie sich grundsätzlich sympathisch sind. Tiefer gehende Gespräche können immer noch zu einem anderen Zeitpunkt geführt werden.

Im Beruf ist Smalltalk ein hervorragendes Schmiermittel. Wenn Sie auf der Suche nach einem Netzwerk oder strategischen Allianzen sind, ist Smalltalk unerlässlich. »Beschnuppern« Sie die Menschen, die Ihnen nützlich sein könnten und an denen Sie Interesse haben. Schaffen Sie erst mal eine gute Atmosphäre, machen Sie sich miteinander bekannt, statt gleich mit der Tür ins Haus zu fallen. Und seien Sie nicht zu kritisch. Wer weiß, vielleicht ist der Mensch, den Sie auf den ersten Blick unwichtig, wenig spannend oder sogar unsympathisch fanden, genau der Kontakt, der Ihnen für den nächsten beruflichen Schritt noch fehlt? Sortieren Sie nicht schon vor dem ersten Smalltalk aus, sondern gehen Sie zunächst einmal davon aus, dass Ihr Gegenüber interessant ist.

Haben Sie keine Angst vor Smalltalk. Jeder beherrscht diese Gesprächsform – wir verwenden sie im Alltag fortwährend. Es ist eine Frage der Haltung, sich auch zu »niederen« Gesprächsthemen, wie zum Beispiel dem Wetter, herabzulassen. Genau diese unverbindlichen und vor allen Dingen unverfänglichen Gesprächsthemen

eignen sich aber hervorragend für Smalltalk. Sprechen Sie über Offensichtliches, erwähnen Sie das, was Sie umgibt: den Verkehr, die bevorstehenden Schulferien, den Raum, in dem Sie sich befinden. Aber meiden Sie Themen, die schnell eine Meinungsverschiedenheit heraufbeschwören könnten, wie zum Beispiel Politik. Suchen Sie das Verbindende, um Ihr Gegenüber kennenzulernen.

Achten Sie auf Reizthemen und vermeiden Sie sie. Wechseln Sie elegant zu einem kulturellen Thema, wenn Ihr Gespräch zu einem Klatsch wird. Vergessen Sie nicht, dass man jeden Menschen mindestens zweimal trifft. Klatsch könnte Konsequenzen haben. Auch Witze sind im Smalltalk ein gefährliches Terrain. Nicht alle Menschen teilen den gleichen Humor. Verderben Sie nicht das nette Gespräch durch eine Irritation.

Falls Ihnen die Themen ausgehen, stellen Sie Fragen. Sie sollten ohnehin nicht die ganze Zeit nur selbst reden. Menschen, die andere »zutexten«, sind nicht sonderlich beliebt. Versuchen Sie, mehr von Ihrem Smalltalk-Partner zu erfahren. Nutzen Sie die ganze Palette der W-Fragen: »Wer?«, »Was?«, »Wie?«, »Wo?«, »Wann?«, »Warum?« – allerdings ohne Ihr Gegenüber zu löchern. Damit das Gespräch nicht stockt, sondern richtig schön ins Laufen gerät, achten Sie darauf, offene Fragen zu stellen,

Melinda Stokes' Produkte entstehen aus einem Repertoire von überwiegend technischen Textilien und neuartigen Verbindungstechniken. Bei den Kleidungsstücken ihres Labels Stokx zeigen die Frauen Busen und Po, gleichzeitig sind die Schnitte hochfunktional. Stokx-Mode erhält man bisher in Berlin-Mitte (Adresse und Infos unter www.stokx.de).

Was unterscheidet Männerkleidung von Bekleidung für Frauen?

Es gibt wesentlich mehr als nur die offensichtlichen proportionalen Unterschiede, denn eigentlich hat beides die gleiche Funktion: die Erweiterung einer Person um ein bestimmtes Image. Männer wollen oft den Eindruck vermitteln, hart zu arbeiten und allzeit bereit zu sein. Aus diesem Grund sieht Männerbekleidung oft funktionaler aus als Kleidung für Frauen. Frauenbekleidung hingegen soll leider üblicherweise eher Schönheit und auch eine gewisse Hilflosigkeit ausstrahlen. Gutes Aussehen und sich bewegen können schließt sich nicht aus. Es liegt an jeder Frau, sich zu entscheiden, ob sie mit ihrer Kleidung »typisch weiblich« hilflos wirken will oder nicht.

Würden Sie Frauen raten, sich weiblich zu kleiden? Ich denke da an typisch weibliche Bekleidung wie Röcke, Kleider und hohe Schuhe.

Einerseits möchte ich natürlich das Recht der Frauen respektieren, zu tragen, was immer sie mögen. Doch andererseits denke ich, dass einige Kleidungsstücke die Frauengesundheit mehr gefährden als das Rauchen. Derartige Kleidungsstücke müssten mit der Warnung versehen sein »Dieser Rock zerquetscht innere Organe«, oder: »Diese Schuhe zerstören Füße und Holz-böden irreparabel«, oder aber auch: »Diese Pailletten wurden in einem schlecht beleuchtetem Raum in einem Dritte-Welt-Land angenäht«.

Was ist das Besondere an Ihrer Mode?

Ich möchte Dinge machen, die so offensichtlich sind, dass es sie eigentlich schon immer gegeben haben sollte. Als ich zum Beispiel auf einem Flohmarkt einen Laborkittel fand, war ich fasziniert. Ein taillierter Kurzmantel mit wunderbaren Taschen, in denen man so einiges unterbringen konnte. An dieser Form und an den typischen Kittelschürzen, die Hausfrauen früher trugen, habe ich weiterexperimentiert.

Daraus ist unter anderem mein Regenmantel und der Safari-Dress entstanden.
Meine Kleidung soll für »urbane Nomaden« sein, um sich in der Welt von heute überall schick und gleichzeitig bequem zu bewegen. 500 000 Omas können sich einfach nicht irren!

Für die »urbanen Nomaden«? Was meinen Sie damit?

Wir sind natürlich keine Nomaden mehr, die durch die Steppe laufen, aber auch wir schleppen stets viel mit uns herum. Handy, iPod, Computer – Handtasche und Einkaufstüte sind dafür keine praktische Lösung.
Wenn wir frei sein wollen, dann brauchen wir Taschen, in denen man auch mal etwas mehr, zum Beispiel eine Tupper-Dose, tragen kann, und Kleider, mit denen eine Frau schnell laufen und Fahrrad fahren kann.
Mein Motto ist »Die Hände müssen frei sein.«
Deswegen entwerfe ich Taschengürtel und Kleidungsstücke auch »um die Tasche herum«. Ich verstehe mich tatsächlich mehr als eine Produkt-Designerin, die auch Mode macht, als eine Modedesignerin.

Wie findet man seinen eigenen Stil?

Ganz einfach: Finde die Kleidung, in der D U dich gut fühlst. Fühlst du dich immer noch ganz »du selbst«, wenn du es trägst? Wenn du es genau so magst, dann ist es richtig. Genau dieses Gefühl gilt es zu kultivieren, ganz egal, was du gerade anhast. Denn du kannst durchaus mehrere Stile haben, und immer noch in deiner eigenen Haut stecken und dich dabei sogar ausgesprochen wohlfühlen. Nimm dir deshalb Zeit, die Klamotten zu finden, die zu dir und deinem Lebensstil passen, aber erzwinge es nicht.

Angenommen, ich gehe in die Stadt, um mir ein neues Outfit zuzulegen. Was gilt es beim Kleiderkauf zu beachten?

Schau zunächst einmal in den Spiegel und stelle fest, ob es passt und ob es dir auch erlaubt, all die Dinge zu unternehmen, die du gerne machen möchtest, wenn du es trägst. Frage dich anschließend, ob es ein alleinstehendes Kleidungsstück ist oder ob du dazu eine komplett neue Garderobe brauchst, damit du es überhaupt anziehen kannst. Und schließlich frage dich, ob du es wirklich brauchst.

die nicht mit einem einzigen Wort oder einem kurzen Satz beantwortet werden können. Und schon plaudern Sie fröhlich miteinander.

Habe ich Sie überzeugt? Haben Sie Lust, fortan dem Smalltalk zu frönen, statt einsam herumzustehen? Vielleicht fehlte Ihnen bisher nur der Gesprächseinstieg. Auch dafür habe ich ein paar Ideen: Achten Sie auf das Besondere Ihres Gegenübers. Hat er zum Beispiel besondere Kleidung an? Haben Sie bemerkt, dass er eine schöne Schrift hat? Ein Kompliment hört jeder Mensch gerne und es eignet sich hervorragend für einen Gesprächseinstieg (→ »Ein Leben voller Komplimente«, Seite 34). Dann brauchen Sie nur noch ehrliches Interesse an fremden Menschen mitzubringen und die Unbefangenheit, dass nicht jedes Gespräch von bleibendem Wert sein muss, und schon sind Sie eine perfekte Smalltalkerin.

Nutzen Sie den Namenszauber

Vielleicht haben Sie schon mal davon gehört: Menschen lieben es, bei ihrem Namen genannt zu werden. Es fühlt sich gut an, weil man den Eindruck hat, sehr direkt und persönlich angesprochen zu werden. Die Botschaft ist offensichtlich für einen ganz besonderen Menschen gemeint – für mich.

Leider haben diese Erkenntnis die meisten Callcenter bereits mitbekommen. Sie kennen sicherlich diese Situation: Man steht gestiefelt und mit gepackter Tasche in der Wohnungstür, da klingelt das Telefon: »Guten Tag, Frau Meier, wir haben da etwas ganz Interessantes für Sie, Frau Meier. Sagen Sie mal, Frau Meier, wie ist das denn so bei Ihnen …« Und spätestens bei der dritten Wiederholung Ihres Namens spüren Sie einen leichten Würgereiz. Wenn man es übertreibt, geht natürlich die beste Taktik nach hinten los.

Trotzdem ist und bleibt eine weise Erkenntnis: Der Mensch hört gerne seinen Namen, weil er gerne »gemeint« ist. Jeder Mensch möchte interessant sein, als Mensch ernst genommen werden und wirklich mit seinen Bedürfnissen berücksichtigt sein. Alles das signalisiert die Verwendung des Namens. Menschen ernst zu nehmen und persönlich anzusprechen, kann Ihre Welt um einiges schöner machen!

Wenn ich unterwegs bin, um ein schickes Outfit zu kaufen, habe ich mir angewöhnt, Verkäuferinnen um Rat zu fragen, statt mich als »Selbstbedienerin« stumm durch den Laden zu schleichen.

In guten Geschäften haben Verkäuferinnen immer einen Tipp bezüglich des Materials, der Farbe oder des Anlasses für mich. Dann bedanke ich mich und frage nach ihrem Namen. Ich begründe meinen Wunsch damit, dass ich gerne bei einem anderen Einkauf auf ihre Beratung zurückkommen möchte. Danach sind die Verkäuferinnen meist nicht mehr zu bremsen. Sie schleppen unermüdlich passende Blusen zu meinen favorisierten Kostümen heran und beraten mich kompetent bezüglich der Passform oder der Pflege der gewünschten Kleidungsstücke. Wenn man Verkäuferinnen einmal ernst genommen und sie und ihr Fachwissen bestätigt hat, dann stellen sie einem ihre Dienste sehr gern zur Verfügung. Aus einer müden und gelangweilten Verkäuferin wird wieder eine engagierte Fachberaterin. Entscheidend ist dabei das wahrhaftige Interesse, das ich der Verkäuferin entgegengebracht habe. Ich habe sie nicht als namen- und identitätsloses »Personal« betrachtet, sondern ihre »Funktion« um den Menschen erweitert. Als der Mensch hinter der Funktion sichtbar wurde, war stets ein freundliches und hilfsbereites Wesen zu entdecken.

Letztlich ergibt sich daraus meistens sogar eine Win-win-Situation. Sie werden besser behandelt, und gleichzeitig ermöglichen Sie den Menschen, mit denen Sie es zu tun haben, ihren Job noch lieber als üblich zu tun.

Sie müssen jetzt nicht jeden Busfahrer nach seinem Namen fragen – es sei denn, Sie fahren stets zur gleichen Zeit mit der gleichen Linie, was spräche dann dagegen? Aber Menschen, die etwas für Sie tun können, und auch Menschen, zu denen Sie wiederholt Kontakt haben, fühlen sich wesentlich wohler, wenn Sie freundlich und ein wenig persönlicher werden als üblich. Wenn Sie einen Namen benutzen, dann sprechen Sie einen Menschen direkt an, statt unverbindlich Ihres Weges zu gehen. Sie nehmen bewusst Kontakt auf. Sie können sicher sein: Das freut die Menschen, denn eigentlich mag es niemand, dass unsere Welt immer unpersönlicher wird.

Ich frage mich sowieso, warum man sich in der Stadt, im Gegensatz zum Land, nicht grüßt, wenn man sich auf der Straße begegnet. Wieso ist man zur Abwechslung nicht mal zu der Kassiererin im Supermarkt, zum Postbeamten und zum Tankwart freundlich und wechselt ein paar launige Worte? Natürlich sind wir nicht immer dazu aufgelegt und manchmal auch sehr in Eile – aber nette Begegnungen sind belebend für unsere Sinne und unser Selbstbewusstsein (→ Interview »Flirten«, Seite 94). Es lohnt sich, sich immer öfter dafür Zeit zu nehmen!

Tragen Sie Kleider

Egal, ob Sie eher der »Jeanstyp« sind oder beruflich Kostüme bevorzugen – tragen Sie zur Abwechslung mal ein Kleid. Es wird Ihnen ganz neue Perspektiven eröffnen. Kleider sind einfach wunderbar! Mit Kleidern sind Sie immer »angezogen«. Ein Kleid ist fast schon ein komplettes Outfit. Schuhe und ein paar Accessoires dazu, und Sie haben den großen Auftritt.

Niemals bekommen Sie mehr Komplimente als in einem Kleid. Es ist wirklich phänomenal. Ein Kleid ist etwas sehr Feminines – und Männer reagieren darauf. Probieren Sie es aus!

Manche Frauen erschrecken richtiggehend, wenn ich ihnen vorschlage, zur Abwechslung mal ein Kleid zu tragen. Aber warum eigentlich? Was spricht dagegen, sich hin und wieder hübsch zu machen und sich etwas weiblicher zu kleiden? »Praktisch« kann nicht immer und für jede Situation das Kriterium der Kleiderwahl sein. Natürlich ist es praktisch, wenn man flache Schuhe und eine wetterfeste Jacke trägt – aber hinreißend sexy ist es nicht. Und es gibt Situationen im Leben, in denen es durchaus »praktisch« sein kann, zu seiner Weiblichkeit zu stehen und die damit verbundene Ausstrahlung bewusst einzusetzen. Sie sind eine Frau! Also warum wollen Sie Ihre Weiblichkeit leugnen?

Stehen Sie zu dem, was Sie haben und was Sie sind, denn verstecken klappt sowieso nicht gut. Kennen Sie das? Manchmal sieht man Menschen, die versuchen, ungeschickt einen (angeblichen) Makel zu kaschieren. Oft funktioniert das nicht. Und wenn das der Fall ist, dann kann man gar nicht anders, als ausgerechnet dorthin zu schauen. Übersehen geht leider nicht. Also stehen Sie zu Ihrer Weiblichkeit. Spielen Sie damit und genießen Sie die Blicke! Ein Kleid ist dafür die perfekte Wahl.

Natürlich können Sie einwenden, dass Rock und Bluse ebenso gut aussehen. Tun sie aber nicht. Ein Kleid wirkt als Ganzes und ist nicht zusammengestückelt. Weder konkurrieren zwei Kleidungsstücke um Aufmerksamkeit, noch teilen Sie Ihren Körper in zwei Teile und stellen dabei die (mehr oder weniger vorteilhafte) Taille in den Mittelpunkt des Interesses. Ein Kleid ist perfekt auf die weibliche Figur zugeschnitten und betont je nach Schnitt mal den einen, mal den anderen Hingucker. Sie haben Angst, Ihre Figur könnte für ein Kleid nicht geeignet sein? Glauben Sie mir, das gibt es gar nicht! Es ist alles nur eine Frage der Unterwäsche. Wenn Ihr Kleid gut geschnitten ist und Sie das Passende darunter tragen, sehen Sie klasse aus. Probieren Sie auch mal eine Korsage.

Sie werden feststellen, dass Sie sich gleich noch hinreißender fühlen.

Nicht zuletzt mag ich Kleider, weil sie außerordentlich bequem sind. Natürlich kann ich mich nicht in jeden tiefen Sessel fläzen, weil das besonders in einem Kleid nicht geht, ohne unschicklich zu wirken.

Aber haben Sie schon mal den Hosenbund Ihrer Jeans kneifen gespürt? Das passiert Ihnen in einem gut geschnittenen Kleid niemals. In einem Kleid können Sie sich den ganzen Abend an den bewundernden Blicken freuen und sich eine Extraportion Nachtisch holen.

Gönnen Sie sich etwas Maßgeschneidertes

Ich liebe maßgeschneiderte Kleidung. Es gibt nur wenige Kleidungsstücke, in denen ich mich ebenso gut angezogen und so wahnsinnig sexy fühle wie in maßgeschneiderten Outfits. Natürlich habe ich nur eine Handvoll solcher edler Stücke im Schrank hängen, aber jedes von ihnen liebe ich aus ganzem Herzen.

Massenproduktion mit standardisierten Schnitten, die unsere Kleidung so viel billiger macht, hat einen Preis. Ich kenne keine Frau, die wirklich diese »Normalfigur« hat, die Designer sich vorstellen, während sie ihre Kleidung entwerfen. Aus Kostengründen wird ein »Mittelmaß« entworfen, das weit weg von der Realität ist und die unzähligen Variationen des menschlichen Körpers nicht berücksichtigt. Selbst sehr schlanke Frauen haben mit standardisierten Kleidergrößen oft Probleme. Hier ist etwas zu weit, dort zwickt etwas. Die

Ärmel sind zu kurz oder zu lang, und Abnäher sitzen an unvorteilhaften Stellen. Ich habe auch vorkonfektionierte Teile im Schrank, die mir durchaus passen, die ich gerne trage und die wirklich nicht schlecht aussehen. Es gibt glücklicherweise immer mehr elastische Stoffe, die sich mehr oder weniger gekonnt der Figur anpassen. Aber letztlich ist es immer Glück, so ein Wunderding zu finden. Meist muss man doch irgendwie Kompromisse machen, und wenn es gerade nicht an Schnitt und Passform ist, dann stimmen vielleicht Material, Farbe oder der Preis nicht.

Haben Sie sich schon einmal etwas maßschneidern lassen? Kennen Sie das wahrhaft königliche Gefühl, wenn etwas nur für Sie und genau für Sie angefertigt wird? Falls nicht, dann sollten Sie es unbedingt probieren! Zugegeben: Der Moment, in dem man genauestens vermessen wird, ist

2

ungefähr so unangenehm wie der Gang auf die Waage. Alles kommt ans Licht, alle kleinen Sünden der letzten Monate werden bemerkt und notiert. Aber das ist wirklich nicht schlimm, denn Sie werden sich wundern, wie wenig man von den kleinen Sünden später sieht, wenn Sie etwas Maßgeschneidertes tragen!

Wenn Sie sich etwas anfertigen lassen, können Sie Farbe, Material und Schnitt des Kleidungsstückes aussuchen und bekommen die qualifiziert fachliche Beratung gleich dazu. Steht Ihnen die Farbe oder der Schnitt oder würde man Ihnen etwas anderes empfehlen? Wie müsste man den Schnitt ändern, damit Ihre Vorteile betont und Ihre Nachteile kaschiert werden? Alles das wird im Vorfeld besprochen. Sie bekommen nicht nur ein Kleidungsstück, sondern eine zweite Haut, die Sie in Ihrer ganz speziellen Schönheit zum Schillern bringt – ein Unikat!

Trauen Sie sich und fragen Sie mal bei einer Designerin oder Schneiderin nach. Sie werden überrascht sein, dass ein derart aufwändig hergestelltes Kleidungsstück gar nicht so viel kostet. Natürlich ist es teurer als in Asien gefertigte Massenware, denn Sie bezahlen Wertarbeit aus der Region. Und doch werden Sie erstaunt sein, dass ein Kleid, ein Hosenanzug oder ein Rock nicht wirklich teurer sind, als in einem guten Bekleidungsgeschäft. Meist sind sie sogar weitaus günstiger als Bekleidung von bekannten Designern.

Dann tragen Sie dieses Outfit und Sie werden sehen, wie Sie sich damit verändern. Sie werden erstaunt sein, wie souverän und sexy Sie wirken. Ihre neue zweite Haut passt perfekt und unterstreicht Ihre Vorteile. Sie werden sich wie ein Star fühlen und werden den Ihnen zustehenden Applaus bekommen. Das ist es doch wert, sich einmal etwas ganz Besonderes zu gönnen, oder?!

Ein Leben voller Komplimente

Komplimente sind Geschenke ohne Kosten und Nebenwirkungen. Ich frage mich oft, wieso wir nicht verschwenderischer mit ihnen umgehen!

Jeder von uns weiß, wie großartig es ist, Komplimente zu bekommen. Ein Kompliment ist wie ein kleiner Flirt. Plötzlich fühlt man sich gut und das Blut gerät in Wallung. Man fühlt sich lebendig. Ein Kompliment ist eine Bestätigung und eine Frischzellenkur für unser Selbstbewusstsein nach dem Motto: »Wenn andere mich toll finden, dann bin ich wahrscheinlich gar nicht so übel.«

Was kostet es Sie, wenn Sie der Dame, die sich unsicher vor der Umkleidekabine im Spiegel betrachtet, sagen, dass ihr das Kleid wunderbar steht (sofern es das wirklich tut!)? Sie wird sich freuen, das Kleid kaufen und glücklich nach Hause gehen. So einfach ist es, die Welt immer wieder ein bisschen schöner zu machen.

Es fällt vielen Menschen jedoch schwer, Komplimente anzunehmen. Warum eigentlich? Ein ehrlich gemeintes Kompliment ist doch etwas ganz Wunderbares. Jemand bestätigt uns, dass wir eine tolle Frau sind. Können wir das nicht glauben oder warum tun wir es manchmal ab?

Mir gefällt es gar nicht, wenn jemand ein Kompliment nicht annimmt. Sage ich zum Beispiel: »Das haben Sie gut gemacht!«, und der andere antwortet: »Ach, das war doch nur Glück!«, dann schüttele ich verwundert den Kopf. Ich hätte es doch nicht gesagt, wenn ich nicht der Überzeugung gewesen wäre, jemand hätte eine besondere Leistung gebracht. Dass günstige Umstände auch eine Rolle spielen können, ist doch völlig egal. Irgendetwas ist gut gelaufen, und ich möchte mich bei demjenigen, der das ermöglicht hat, bedanken. Macht Ihnen jemand ein Kompliment, sagen Sie schlicht »Danke« und freuen sich.

AHA!

Auch Männer
lieben Komplimente

Machen Sie doch mal einem Mann ein Kompliment. Sie werden sehen, welch durchschlagende Wirkung das hat.

Männer sind es nämlich noch viel weniger als Frauen gewöhnt, Komplimente zu bekommen. Selbst fremde Männer können Sie auf diese Art und Weise nett und freundlich ansprechen, denn das Wohlwollen Ihres Gegenübers haben Sie schon in der Tasche, so geschmeichelt wird er sich fühlen.

Top
im Job

→ Erfolg und Karriere kommen nicht nur von gutem Fachwissen und Fleiß. Zum perfekten Jobprofi und zur echten Karrierediva können Sie nur werden, wenn Sie Ihre sozialen Kompetenzen bewusst und richtig einsetzen. Lassen Sie sich von anderen unterstützen, feiern Sie Ihre Erfolge gebührend und lernen Sie niemals aus. So starten Sie richtig durch!

Dressed for Success

Wie findet man als Frau das perfekte Businessoutfit? Diese Frage ist gar nicht so einfach zu beantworten, denn in jeder Branche gelten andere Regeln. Schauen Sie am besten genau hin, was die anderen tragen. Dabei dürfen Sie ruhig auch auf Männer achten. Da diese in den meisten Branchen sowieso in der Überzahl vorhanden sind, können sie Ihnen in Sachen Businessoutfit Orientierung geben. So finden Sie schnell heraus, welcher allgemeine Stil gefragt ist. In konservativen Branchen (wie zum Beispiel Banken) ist es der dunkle Anzug, in jungen Firmen sind auch Jeans und Turnschuhe erlaubt. So kennen Sie erst mal die grobe Richtung. Der zweite Blick gilt denjenigen Personen, mit denen Sie auf einer Ebene arbeiten, und denjenigen, die die Karrierestufe bereits erklommen haben, die

Sie anstreben. Besser ist es, sich an den Menschen zu orientieren, die Ihr Ziel bereits erreicht haben. Wenn Sie sich ähnlich wie diese kleiden, signalisieren Sie, dass Sie eigentlich schon dazugehören und nur noch auf Ihre Beförderung oder neue Aufgabe warten.

Die Orientierung an der Kleidung männlicher Kollegen oder Vorgesetzten stellt eine Frau allerdings vor ein paar Probleme. Nicht immer ist es die beste Lösung, das Männeroutfit einfach zu kopieren. Nur weil Männer in Anzügen herumlaufen, müssen Sie nicht zwangsläufig das direkte Pendant, den Hosenanzug bzw. das Kostüm, wählen. Frauen haben in dieser Hinsicht zum Glück etwas mehr Wahlmöglichkeiten. Wo Männer einen Anzug tragen, ist die einzige »Anforderung« an das weibliche Outfit, dass auch Sie eine Jacke tragen. Aber es muss nicht immer ein Jackett oder ein Kostüm sein, auch wenn beides der »Anforderung« Jacke entsprechen würde. Je nach Unternehmen können Sie statt eines Jacketts auch eine edle Strickjacke tragen. Eine gute, feminine Alternative zum Kostüm ist beispielsweise das wieder in Mode gekommene Kleid (→ »Tragen Sie Kleider«, Seite 32).

Auch bei der Auswahl der Farben dürfen Frauen sich etwas mehr austoben als Männer. Während diese ihren Anzug höchstens mit einer gewagten Krawatte aufpeppen können (und dabei gewaltige Risiken eingehen, geschmacklich ziemlich danebenzuliegen), können Frauen etwas freier sein. Selbst in konservativen Branchen ist es möglich, einen dunklen Hosenanzug mit farblich extravaganten Accessoires zu beleben. Letztens las ich, dass Frauen, die im Beruf ernst genommen werden wollen, nichts in der Farbe Rosa tragen sollten. Das halte ich für ausgemachten Blödsinn! Natürlich hat die Autorin recht, dass

Frauen mädchenhaftes Gehabe vermeiden sollten, wenn sie ernst genommen werden wollen. Deswegen aber die charmante Farbe Rosa zu verteufeln, ist unnötig.

Mein Tipp, um im Arbeitsleben gut angezogen zu sein, ist folgender: Kleiden Sie sich immer ein bisschen besser, als die anderen. Sie können sich an Ihren Kollegen orientieren, aber wenn Sie »entdeckt« werden wollen, um wirklich spannende Aufgaben übertragen zu bekommen, dann müssen Sie AUFFALLEN. Allerdings nicht durch besonders schrille Outfits, damit schrecken Sie eher ab. Wenn Sie »einen Tick« besser angezogen sind, dann stechen Sie schon positiv aus der Abteilung heraus. Das geht ganz einfach, selbst, wenn Sie zu Berufskleidung und Uniform verdammt sind. Auch dann können Sie durch ein schönes Schmuckstück, edle Schuhe oder eine besondere Frisur auffallen. Etwas fantasievoll müssen Sie bei dieser Art von Styling natürlich sein, aber das ist für Frauen doch eher eine amüsante Herausforderung als ein Problem.

Jede Art von Feedback ist ein wertvolles Geschenk

Feedback – schon wieder so ein englisches Wort! Unsere Sprache ist voll davon, ganz besonders im »Business«. Auch in den All-

tag schleichen sich immer mehr englische Begriffe ein. Manchmal gibt es keine passende deutsche Übersetzung – wie bei

Feedback, was eigentlich nichts anderes als »Rückkoppelung« heißt. Kollegen geben sich untereinander oder Vorgesetzte ihren Mitarbeitern Rückmeldung darüber, wie sie arbeiten oder sich verhalten. Es handelt sich meistens um eine verbale, also ausgesprochene, Äußerung. Sie kann aber auch mehr oder weniger deutlich durch Körpersprache zum Ausdruck gebracht werden. Feedback ist etwas sehr Nützliches und Wertvolles. Ohne jemals Rückmeldung darüber bekommen zu haben, wie wir uns verhalten oder wie wir eine Aufgabe erledigt haben, tappen wir darüber im Dunkeln, ob wir etwas gut gemacht oder uns wie der letzte Volltrottel benommen haben. Durch die Beurteilung von außen können wir Fehler erkennen und korrigieren, wir können lernen, und nicht zuletzt können wir auch stolz darauf sein, wenn wir etwas gut gemacht haben.

Allerdings hängt der Wert des Feedbacks davon ab, wie es gegeben wurde und ob die Rückmeldung für die Feedbackempfängerin annehmbar ist oder nicht. Sie kennen das sicherlich auch: Es gibt Menschen, von denen lassen Sie sich gerne beraten, weil Sie wissen, dass Sie etwas von ihnen lernen können, und weil ihre Ratschläge gut gemeint sind. In anderen Fällen könnten Sie die Wand hochgehen, weil wieder mal jemand meinte, ungefragt einen Kommentar über Sie ablassen zu müssen.

Wenn Sie jemand anderem Feedback geben, achten Sie bitte darauf, WAS Sie sagen und WIE Sie es sagen. Eine dauerhafte Verhaltensänderung können Sie nur mit wertschätzendem Feedback erreichen. Damit meine ich nicht, dass Sie jemanden über den grünen Klee loben müssen, obwohl er etwas falsch gemacht hat. Sprechen Sie Fehler an, aber machen Sie deutlich, dass Sie Ihr Gegenüber als Person wertschätzen. Beziehen Sie Ihre Kritik präzise auf das, was Sie kritisieren wollen. Kritisieren Sie Verhalten, das Sie als störend empfinden, dann ist es günstig, dieses Feedback ausgehend von Ihren Empfindungen zu formulieren. Wenn Sie Ihre Gefühle dabei mit ins Spiel bringen, kann der andere besser verstehen, warum sein Verhalten unerwünscht ist.

So könnte es klingen:

- Sie sind völlig unfähig, Briefe zu schreiben …
- Ihr Briefentwurf ist gut, nur die Rechtschreibfehler sollten Sie korrigieren (lassen).
- Sie sind jähzornig. Das können wir hier nicht gebrauchen!
- Wenn Sie so schreien, bin ich völlig eingeschüchtert und kann mich nicht mehr auf meine Arbeit konzentrieren.

Doch mit Feedback ist nicht nur Kritik gemeint. Auch jede Form von Lob gehört dazu. Lob ist eine ganz hervorragende

Möglichkeit, Menschen für sich zu gewinnen und Mitarbeiter zu motivieren. Ich frage mich manchmal, wieso so wenig gelobt wird, obwohl Lob so wunderbare Energien freisetzt und keine Kosten verursacht. Sollten Sie in der Position sein, Feedback zu bekommen, dann hören Sie genau hin, was Ihnen wirklich gesagt wird. Sehr schnell neigen wir (Frauen) dazu, Feedback (zu) persönlich zu nehmen. Oft konzentrieren wir uns auf das Negative und bekommen gar nicht mit, dass der andere eigentlich ganz zufrieden mit uns ist und nur einen bestimmten Punkt ansprechen will. Wir fühlen uns schnell abgewertet, als Mensch nicht akzeptiert und in unseren Leistungen und Bemühungen nicht anerkannt. Das ist ein Fehler!

Feedback ist ein Geschenk! Wenn uns jemand Feedback gibt, dann will er uns nichts Böses! Unser Gegenüber gibt uns Rückmeldung über unser Verhalten, damit wir die Chance haben, etwas zu lernen.

Und natürlich gibt es immer noch etwas zu lernen! Feedback bietet Orientierung, gibt uns die Möglichkeit, uns im Freundes- oder Kollegenkreis so zu verhalten, dass wir als Teammitglied akzeptiert werden. Feedback weist uns darauf hin, was wir verbessern könnten, um von anderen ernst genommen zu werden. Und es zeigt uns, wer wir sind und wie wertvoll wir sind. Klassefrauen nehmen Rückmeldungen daher interessiert und dankbar an. Und genau deswegen ist es auch legitim und wichtig, Feedback einzufordern. Es ist absolut frustrierend, vor sich hin zu arbeiten und keinerlei Reaktion auf seine Leistungen zu bekommen. Woher sollen wir denn wissen, ob wir alles richtig machen oder ob es Möglichkeiten gibt, etwas zu optimieren? Wir brauchen den Spiegel, den andere uns vorhalten, um unsere blinden Flecken zu erkennen. Wenn das Feedback nicht freiwillig kommt, dann fragen Sie eben danach und bitten darum!

Eine für alle und alle für eine – Nutzen Sie Netzwerke

Die einfachste Regel, um Unterstützung von anderen zu bekommen – sei es beruflich oder privat –, ist: Geben Sie.
Seien Sie großzügig und freigiebig, dann wird Ihnen auch gegeben.

Ein Netzwerk beruht auf dem Gedanken gegenseitiger Hilfe und Unterstützung von gleichberechtigten Mitgliedern. Zunächst muss sich ein bestimmter Grad an Vertrauen entwickeln. Man beschnuppert einander und findet heraus, was die anderen zu bieten haben. Deswegen ist es für »Frischlinge« in einem bestehenden Netzwerk, auf der Suche nach Unterstützung, erst einmal gar nicht so leicht. Wer sofort seine Wünsche erfüllt haben möchte, stößt manchmal auf Ablehnung und ist irritiert und enttäuscht.

Doch das muss nicht so sein! Machen Sie sich klar, dass es sich beim Netzwerken um Geben und Nehmen handelt. Schauen Sie nicht nur auf Ihre Bedürfnisse, sondern schauen Sie vor allen Dingen auf das, was Sie anbieten können. Und glauben Sie nicht, Sie hätten nichts zu bieten! Jeder Mensch hat etwas, das andere gebrauchen können. Das können handwerkliche Fähigkeiten sein, es kann sich um Fachwissen in einem bestimmten Gebiet handeln, es könnte Zeit sein, um bestimmte Aufgaben für den anderen zu erledigen, oder vielleicht braucht gerade jemand einfach nur einen anderen Menschen, der ihm zuhört. Glauben Sie nicht, Sie müssten erst in irgendeiner Disziplin diplomierte Expertin sein, bevor Sie etwas geben können.

Eine Freundin erzählte mir eine schöne Geschichte: Wenn man sich frierend vor einen Ofen setzt und fordert, dass er doch endlich Wärme spenden soll, wird vermutlich nichts geschehen. Da kann man noch solange fordern, bitten und betteln. Um von einem Ofen gewärmt zu werden, müs-sen Sie in Vorleistung gehen. Sie müssen Holz oder Kohlen einfüllen und diese zum Brennen bringen. Kurze Zeit später werden Sie für Ihre Mühe belohnt und der Ofen wird Ihnen richtig einheizen.

Wenn man dieses Prinzip einmal verstanden hat, ändert sich die Blickrichtung. Man beginnt großzügiger zu werden und zu geben, wann immer man kann. Denn letztlich stimmt das Sprichwort von dem Wald, in den man hineinruft: Es schallt genauso wieder heraus. Alles, was Sie geben, kommt wieder zu Ihnen zurück, und je mehr Sie geben, umso mehr werden Sie zurückbekommen.

Achten Sie dabei nicht zu genau auf den Ausgleich von Geben und Nehmen. Sie müssen sich tatsächlich nicht jedes Mal stante pede revanchieren, wenn Ihnen jemand einen Gefallen getan oder Ihnen geholfen hat. Sagen Sie einfach herzlich »Danke« und freuen Sie sich an der Gabe. Meist wird einem nämlich nicht von der Person geholfen, der man irgendwann mal selbst unter die Arme gegriffen hat. Meist geschieht es völlig unerwartet aus irgendeiner ganz anderen Ecke, von der man es zunächst gar nicht für möglich gehalten hat. Aber mit der guten Tat haben Sie dem Universum signalisiert, dass Sie das Prinzip von Geben und Nehmen verstanden haben. Sie helfen gern – und genau deswegen wird Ihnen gern geholfen.

3

Also geben Sie, wo immer Sie können. Es wird Ihr Leben ungemein bereichern! Wenn Ihr Netzwerk erst einmal angelaufen ist, behalten Sie am besten auch noch eine einfache Regel des Networking im Hinterkopf. Ihnen zieht beruflich oder privat jemand »eine Strippe«, macht Sie mit einem anderen Menschen bekannt, der Ihnen nützlich sein kann? In der Freude über den neuen Kontakt vergessen wir oft etwas Wichtiges: Melden Sie sich, nachdem Sie den Kontakt genutzt haben, IN JEDEM FALL bei der »Vermittlerin«. Bedanken Sie sich und erzählen Sie, wie nützlich Ihnen diese Gefälligkeit war. Sollte der neue Kontakt nicht so hilfreich gewesen sein (aus welchem Grund auch immer), dann bedanken Sie sich trotzdem und teilen der Vermittlerin mit, was die Schwierigkeit war – so kann diese etwas über Sie oder die andere Person lernen. Es gibt viele Leute, die diese einfache Regel des Netzwerkens nicht verstehen und sich wundern, wieso ihnen niemand hilft. Solche Menschen beneiden andere um ihr »Vitamin B« und merken gar nicht, dass sie sich selbst im Weg stehen bei der Netzwerkpflege. Also, machen Sie es besser!

Ob kleiner Geniestreich oder große Tat – feiern Sie Ihre Erfolge

Frauen sind oft viel zu bescheiden! Viele von uns haben verinnerlicht, dass es sich einfach nicht schickt, im Vordergrund zu stehen und sich seiner Heldentaten zu rühmen. Das machen nur Jungs. Wieso denn eigentlich? Wieso sollte man als Frau nicht auch stolz auf das sein, was man erreicht hat? Ich finde es falsch, nicht die Verantwortung für Erfolge genauso wie für Misserfolge zu übernehmen.

Wenn man etwas gemacht hat, dann steht man dazu. Und wenn man etwas gut gemacht hat, dann erst recht! Nehmen Sie Erfolge nicht einfach nur hin, und zucken Sie nicht nur mit den Achseln, wenn jemand Sie lobt. Freuen Sie sich an dem, was Sie erreicht haben, und seien Sie stolz darauf, dass Sie es gewesen sind, die diesen Erfolg möglich machte. Feiern Sie Ihre Erfolge, lassen Sie es richtig krachen!

»Ach, das war doch nur Glück!«, sagen Sie bisher vielleicht, wenn man Sie auf einen Erfolg hinweist. Wieso war es nicht Ihr Können, Ihre Erfahrung, Ihr Mut oder andere Eigenschaften, die in dieser Kombination nur GENAU SIE einbringen konnten, um einen Erfolg herbeizuführen? Viele Frauen beklagen sich, dass sie zu wenig Selbstbewusstsein haben. »Kein Wunder«, denke ich dann oft. Das kommt da-von, dass diese Frauen nicht stolz auf das sind, was sie erreicht haben. Selbstbewusstsein entsteht durch Selbstwertgefühl, und der Selbstwert steigt, wenn wir unsere Leistungen und Erfolge auf unser Konto verbuchen. Wenn mir klar ist, dass I C H es war, die eine Aufgabe gelöst hat, dann kann ich zurecht stolz auf mich sein, mir meines Wertes sicher sein und mit einem echten und begründeten Selbstbewusstsein durchs Leben ziehen.

Machen Sie sich nicht klein. Seien Sie nicht so bescheiden. Stehen Sie zu dem, was Sie getan und erreicht haben. Protzen Sie damit. Die Welt darf ruhig wissen, was für eine tolle Frau Sie sind! Feiern Sie Ihre Erfolge! Egal, ob Sie sich nur eine Belohnung für sich ganz allein gönnen oder ob Sie Ihre Freundinnen zu Kaffee und Kuchen einladen und erzählen, was Sie geleistet haben. Hauptsache, Sie würdigen das, was Sie getan und erreicht haben. Ich finde die Kombination von beiden Arten des Feierns am besten: Gönnen Sie sich ein kleines Andenken, damit Sie sich in Situationen, in denen Sie sich gerade nicht so mutig fühlen, an Ihre Erfolge erinnern. Und feiern Sie mit guten Freunden, denn geteilte Freude beschwingt Sie zu neuen großen Taten.

3

Inken Risse ist Unternehmensberaterin mit eigener Firma (Risse & Partner Training und Consulting) in Hamburg. Ihre Spezialgebiete sind die Führungskräfteentwicklung, insbesondere Business-Etikette (unter www.businessmitstil.de finden Sie ein von ihr entwickeltes Lernprogramm auf CD-ROM) sowie interkulturelle Beratung.

Gelten Benimmregeln heute noch oder sind Knigge-Ratgeber völlig out?
Im Gegenteil! Benimmregeln erleben gerade eine wahre Renaissance. Gerade auch im Geschäftsleben ist die sogenannte Business-Etikette ein ganz heißes Thema.

Warum ist das so?
Früher arbeitete man ein Leben lang im selben Unternehmen, vielleicht sogar in der gleichen Position. Heutzutage hingegen verändert sich so viel, und das auch noch ständig. Das verursacht natürlich Unsicherheit. Um beruflich weiterzukommen, muss man »Karrierearbeit leisten« und nicht nur gut in seinem Job sein. Dazu gehört zum Beispiel höfliche Kommunikation, faires Benehmen, Fettnäpfchen zu vermeiden oder elegant wieder aus ihnen

herauszukommen. Gutes Benehmen ist heutzutage oft das Zünglein an der Waage. Das gilt für alle Berufe.

Gibt es unterschiedliche Business-Etikette-Regeln für Frauen und Männer?
Nein. Es geht schlichtweg um höflichen und anständigen Umgang miteinander. Da gelten die gleichen Regeln für Männer und Frauen.
Gesellschaftliche Benimmregeln fußen darauf, dass die Frau das schwache Geschlecht sei, das zuvorkommend behandelt und beschützt werden sollte. Diese Voraussetzung gilt natürlich im beruflichen Alltag nicht, in dem Frauen ganz selbstverständlich als fachlich versierte Kolleginnen wahrgenommen werden wollen.

Raten Sie Frauen dazu, sich im Geschäftsalltag weiblich beziehungsweise damenhaft zu benehmen?
Damenhaft auf gar keinen Fall! Ein solches Verhalten verunsichert die Männer nur, und außerdem ist es völlig unangemessen, weil der Beruf an sich eine nüchterne Angelegenheit ist. Aber wenn es einen Vorteil gibt, den Frauen im Berufsleben haben, dann ist

es schlicht und ergreifend der, eine Frau zu sein. Diesen Vorteil kann man charmant und spielerisch nutzen, ohne dabei inkompetent zu wirken. Was eine Frau aber auf jeden Fall vermeiden sollte, sind Verhaltensweisen aus dem Weibchenschema wie zum Beispiel ständiges Lächeln, den mädchenhaften Augenaufschlag, sich durch die Haare zu fahren, den Kopf schief zu halten oder sich verbal zu erniedrigen. Man kann sich natürlich so verhalten, aber dann muss man auch die Konsequenzen in Kauf nehmen.

Wie sollte eine Frau reagieren, wenn sich ihr Vorgesetzter zu galant verhält?

Sie sollte ihm mit einer freundlichen, aber klaren Ansage deutlich machen, dass ihr dieses Verhalten nicht passt. Sie kann zum Beispiel sagen: »Bitte treten Sie zurück…«, oder auch: »Unterlassen Sie bitte…«
Es ist ein schmaler Grat zwischen galantem Verhalten und sexueller Belästigung. Diesen gilt es vorsichtig auszutarieren. Es braucht aber gar nicht so viel Mut, wie es zunächst scheint, eine klare Ansage zu machen. Ein positives Selbstbild gibt Ihnen das Selbstbewusstsein, anderen klarzumachen,

dass Sie als kompetente Mitarbeiterin wahrgenommen werden wollen und nicht als Weibchen.

Wie findet eine Frau das perfekte Businessoutfit? Was ist ratsam? Was ist unschicklich?

Generell gelten ähnliche Dresscodes, je nach Branche, für Frauen wie Männer. Frauen tragen eben die »weibliche Variante«.
Am einfachsten geht die Auswahl über das Ausschlussverfahren mit der Frage: Was geht nicht? Hier gilt: Oberarme, Schultern, Bauch und Dekolleté müssen bedeckt sein. Bei Röcken rate ich zu einer Handbreit über oder unter dem Knie, also weder ein langer Rüschenrock noch ein knapper Mini, sondern am besten eignet sich die klassische Rocklänge.
Will eine Frau Karriere machen, dann rate ich ihr immer zu Blazer und Rock oder Hose in den klassischen Farben. Dieses Outfit kann man dann noch durch passenden Schmuck oder Tücher ein wenig aufpeppen. Man kann sich natürlich auch anders kleiden, setzt dann aber andere Signale und darf sich nicht wundern, wenn die Männer darauf »anspringen«.

Suchen Sie sich eine Mentorin

Wenn Sie gerade erst in den Beruf einsteigen, sich beruflich umorientieren oder das Gefühl haben, nicht wirklich vorwärtszukommen, dann grübeln Sie nicht allein vor sich hin, ob Sie lieber dieses oder jenes machen sollten, sondern holen Sie sich Hilfe. Eine Mentorin ist eine Frau, die schon länger (und erfolgreich) in der Position arbeitet, die Sie erst noch anstreben. Also ein perfektes Vorbild und die richtige Person, von der Sie beruhigt Rat für Ihre berufliche Laufbahn annehmen können. Haben Sie sich schon mal überlegt, wie das wäre, eine Mentorin zu haben? Es gäbe jemanden, der Ihnen die unzähligen großen und kleinen Tricks verrät, die in Ihrer Branche notwendig sind, um zu überleben und Erfolg zu haben. Es wäre eine Person, die Sie mit den richtigen Leuten bekannt macht, die Ihnen weiterhelfen kann. Es wäre jemand, mit dem Sie berufliche Probleme besprechen könnten und der Ihnen garantiert bei der Lösung hilft. Wäre das nicht ein Traum?

So ein Traum kann wahr werden. Allerdings ist es nicht ganz einfach, die richtige Mentorin oder den richtigen Mentor zu finden. Zunächst einmal ist wichtig, dass Sie wissen, was Sie wollen. Sind Sie bereits in einer interessanten Position und wollen dort besser und erfolgreicher werden?

Dann wäre eine Mentorin in einer ähnlichen Stelle, vielleicht aus einem größeren Unternehmen, eine gute Idee. Oder sind Sie noch ganz am Anfang und wollen mithilfe eines Mentors die Karriereleiter aufsteigen? Dann sollte der Mentor eher in der Ebene tätig sein, die Sie beruflich erreichen wollen.

Als Nächstes stellt sich die Frage, wie Sie eine mögliche Person ansprechen, um ihn oder sie für sich als Mentor zu gewinnen. Wenn Sie eine bestimmte Position des möglichen Mentors, beispielsweise »Abteilungsleiter einer Buchhaltungsabteilung«, im Auge haben, dann fragen Sie doch mal im Freundes- und Bekanntenkreis herum, ob nicht jemand einen Menschen in einer solchen Position kennt. Sie werden erstaunt sein, denn meist lässt sich genau diese Person um eine oder mehrere Ecken herum auftreiben.

Selbst wenn Sie nur einen einzigen Ansprechpartner genannt bekommen haben, macht das gar nichts. Vielleicht hat diese Person auf Ihre Nachfrage hin ein paar weitere Adressen, die Sie kontaktieren können. Rufen Sie einfach an, oder schreiben Sie eine kurze Mail mit Ihrem Anliegen. Die meisten Menschen reagieren auf so eine Anfrage überraschend nett, denn sie fühlen sich geschmeichelt, dass sie um

Rat gefragt wurden. Falls Sie eine ablehnende Antwort bekommen, nehmen Sie diese bitte nicht persönlich, sondern fragen Sie nach, ob Ihnen Ihr Gegenüber andere Personen nennen kann, die infrage kämen. Vielleicht kann er Ihnen ja sogar einen direkten Kontakt vermitteln oder Sie empfehlen.

Vermutlich werden Sie nicht mit einem einzigen Anruf Erfolg haben, aber wenn Sie ein wenig beharrlich sind, ist es gar nicht so schwer, eine geeignete Person als Mentor zu finden. Vielen Menschen macht es Spaß, »junge Talente« (auch wenn Sie nicht mehr ganz so jung, aber dafür engagiert sind) zu fördern.

Alternativ können Sie auch bei Vereinen anfragen, die Mentoren vermitteln. Oder gehen Sie mal in Ihrer Personalabteilung vorbei, wenn Sie in einem größeren Unternehmen arbeiten. Sehr häufig gibt es dort schon Mentorenprogramme, oder Sie bringen die Personalreferentin mit Ihrer Anfrage auf die gute Idee, eines einzurichten. Auch das Internet bietet viele Möglichkeiten, um eine Mentorin zu finden (→ Adressen, die weiterhelfen, Seite 156). Googeln Sie auch nach den Begriffen »Mentor«, »Mentorin«, »Mentoring« in Kombination mit Ihrem Bundesland, Ihrer Berufsbezeichnung, Ihrem Studienfach oder Ihrer Branche.

Der interessanteste Gesprächspartner weit und breit

Wer häufiger auf Empfängen ist, kennt diese komische Situation: In den Pausen steht man allein herum und hat das Gefühl, dass alle sich blendend unterhalten, nur man selbst nicht. Wenn Sie niemanden auf einer Veranstaltung kennen, dann ist es tatsächlich gar nicht so einfach, mit Fremden ins Gespräch zu kommen. Dabei werden auf Konferenzen oder Weiterbildungen gerade in den Pausen oft die wichtigsten Informationen ausgetauscht und der Grundstein für ein breit gefächertes

persönliches Netzwerk gelegt. Keine Scheu also! Glauben Sie mir, es geht anderen ganz ähnlich wie Ihnen. Kaum jemand ist so locker und selbstbewusst, einfach jemand Wildfremdes von der Seite anzusprechen. Die meisten klammern sich an die Personen, die sie bereits kennen. Dabei kann Ihnen das Spannendste allerdings entgehen. Viel interessanter sind doch die vielen Ihnen unbekannten Menschen, die zu der Veranstaltung gekommen sind, weil sie sich ebenso wie Sie für das Thema interessieren.

Manchmal ergibt sich zufällig ein Gespräch, weil man sich am Büfett versehentlich angerempelt oder aber bei der Veranstaltung nebeneinandergesessen hat. Das kann ganz nett sein, aber wissen Sie dann auch, ob Sie von den anwesenden Personen auch die »passende« kennengelernt haben? Vielleicht gibt es auf der Veranstaltung andere Menschen, die Ihnen viel mehr zu bieten haben. Wenn Sie sich nur mit Zufallsbekanntschaften zufriedengeben, statt systematisch zu suchen, fühlen Sie sich zwar nicht einsam, aber möglicherweise entgeht Ihnen etwas.

Haben Sie keine Sorge, mit einem einfachen Trick können Sie trotz Ihrer Scheu, Fremde anzusprechen, mit vielen spannenden Menschen ins Gespräch kommen. Üblicherweise gibt es bei Konferenzen einige Personen, die allen bekannt sind (die Referenten und Organisatoren), und eine große graue Masse von Zuhörerinnen und Zu-hörern. Der Trick ist: Werden Sie zu einem gefragten Gesprächspartner, der aus dieser grauen Masse herausragt. Oftmals besteht nach Vorträgen die Möglichkeit, Fragen zu stellen. Nach einer Schrecksekunde, wenn die träge Masse der Zuhörenden auf einmal bemerkt, dass nun sie gefragt sind, stellen meist immer wieder die gleichen Menschen ein paar Fragen. Der Rest des Auditoriums hört passiv zu. Und was, glauben Sie, passiert in der nächsten Pause? Diejenigen, die eine Frage gestellt hatten, sind plötzlich umringt von interessierten Menschen. Sie können sich aussuchen, mit wem sie reden!

Durch Ihre Frage werden Sie sichtbar. Einige Menschen werden Sie für Ihren Mut bewundern und sich deshalb für Sie interessieren. Andere fühlen sich von dem, was Sie gesagt haben, angesprochen, können eine ähnliche Erfahrung vorweisen oder etwas zu der Antwort, die Sie von den Referenten bekommen haben, ergänzen – und schon sind Sie im Gespräch.

Es ist ganz einfach. Nicht SIE müssen Ihre Schüchternheit überwinden und auf wildfremde Menschen zugehen. Sie brauchen sich nur kurz sichtbar zu machen und die Menschen werden auf Sie zukommen. Natürlich braucht es Mut, vor einem Auditorium zu sprechen, aber passieren kann Ihnen dabei nichts. Außerdem haben Sie während des Vortrags genügend Zeit, sich eine hinreichend interessante Frage aus-zudenken. Keine Angst, es ist gar nicht so schwer, und wenn Sie sich dann noch so kleiden, dass man Sie selbst auf großen Veranstaltungen leicht wiedererkennt (zum Beispiel mit einem farbigen Halstuch), werden Sie garantiert nicht mehr allein herumstehen und trübsinnig das Fingerfood verzehren.

Die Welt verändert sich – halten Sie Schritt

Kein Berufsbild bleibt in seinen Anforderungen ein Berufsleben gleich. Immer wieder gilt es, sich neue Fähigkeiten anzueignen und sich auf den neuesten Wissensstand zu bringen. Das ist vielleicht mühsam, aber wichtig. Viele Menschen entdecken erst Jahre nach der Schulzeit, dass ihnen Lernen überraschenderweise Freude bereitet. Die Schulpflicht hat man hinter sich gebracht und ist jetzt etwas weiser. Lernen wird eher als Investition verstanden und geschieht aus eigener Initiative – aus Lust am Neuen oder weil einem der Arbeitgeber oder der Arbeitsmarkt signalisieren, dass neues Wissen erforderlich ist. Der nette Nebeneffekt: In Weiterbildungen können Sie besonders gut interessante Menschen kennenlernen und (berufliche) Kontakte knüpfen. Und wer sagt, dass Sie immer Zeit für ein Seminar finden müssen? Haben Sie mal geschaut, ob es in dem Fachgebiet, über das Sie etwas lernen wollen, vielleicht den Lernstoff in Hörbüchern oder als Podcasts gibt? (Podcasts sind Mediendateien, die man – oft kostenlos – über das Internet hören oder auf einen MP3-Player herunterladen kann.) Diese können Sie zum Beispiel auf der Fahrt zur Arbeit hören.

Natürlich ist es mühsam, sich ständig weiterzubilden, um Schritt halten zu können. Man muss Kraft und Zeit investieren, um fachlich am Ball zu bleiben, und das oft sogar in der Freizeit. Aber auch wenn Sie Zeit für andere Dinge opfern müssen, lohnt es sich. Wer weiß, vielleicht macht es Ihnen sogar Spaß. Und letztlich investieren Sie damit in das Wichtigste auf der Welt: in sich selbst. Sie erhöhen Ihren Wert und können stolz auf sich sein.

Klassefrau

sucht

Traumprinz

> → Sie wollen endlich Ihren Mr. Right finden, der Ihnen den Alltag ein wenig versüßt? Nichts einfacher als das! Nehmen Sie Ihr Schicksal selbst in die Hand und treten Sie wie eine Königin auf. Geben Sie sich nicht mehr länger mit unbefriedigenden und zeitraubenden Beziehungen zufrieden, sondern finden Sie Ihr Glück. Weil Sie es (sich) wert sind!

4

Der Richtige wartet irgendwo auf Sie

Vielleicht kennen Sie diesen unsäglichen Spruch: »Männer sind wie Toiletten – entweder beschissen oder besetzt.« Er ist natürlich furchtbar. Aber das Beste daran: Es ist nicht wahr. Wenn Sie glauben, dass diese Aussage zutrifft, dann könnte es daran liegen, dass Sie viele nette Männer kennen, die verheiratet sind. Das nennt man selektive Wahrnehmung. Sie sehen das, was Ihnen besonders auffällt, besonders oft und leiten damit eine scheinbar allgemeingültige Theorie ab. Aber was Sie tatsächlich gesehen haben, ist Folgendes: Es gibt ziemlich viele verheiratete Männer, die Sie grundsätzlich als annehmbare Partner für sich einschätzen würden. Ihre Beobachtung könnte man aber auch ganz anders interpretieren. Man könnte sich auch sagen: »Hey, es gibt so viele Frauen, die einen klasse Mann zum Heiraten gefunden haben. Das macht mir Mut. Dann wird es sicherlich nicht mehr lange dauern, bis auch ich unter der Haube bin.« Es ist alles eine Frage der Betrachtungsweise. Sie haben die Wahl, sich für das halb volle oder das halb leere Glas Wasser zu entscheiden!

Vielleicht liegt es daran, dass Sie stets auf Männer mit Ehering abfahren und die anderen keines Blickes würdigen? Es gab eine Phase in meinem Leben, in der ich nur an verheiratete Männer geriet. Das änderte sich erst, als ich merkte, dass der Fehler bei mir lag. Ich hatte ein bestimmtes Beuteschema und übersah, dass dieses Schema exakt auf den »vergebenen Mann« passte!

Es dauerte eine ganze Weile, bis ich verstand, dass genau diese Fixierung auf mein Beuteschema mir nur »halbe Männer« einbringen konnte. Kein Mann wollte mich »ganz«, wenn ich selbst nicht bereit war, mich ganz in eine Beziehung einzubringen. Als ich endlich überlegte, was ich wirklich von einem Mann wollte, war meine Resignation obsolet, denn mit einem Mal öffnete sich mein Blick für Männer, die ich vorher niemals wahrgenommen hatte. Letztlich hat man es nämlich tatsächlich selbst in der Hand. Schauen Sie BEI SICH nach der Ursache, warum es bisher schief läuft. Die Vermutung »es gibt keine guten ledigen Männer« stimmt schlichtweg nicht. Vielleicht haben auch Sie sich, genau wie ich früher, Ihren Blickwinkel mit Ihren ganz speziellen Wünschen künstlich eingeengt. Als mir bewusst wurde, dass ich einiges an meinen Wünschen, aber auch an meiner Bereitschaft, in eine Beziehung zu investieren, ändern musste, hatte ich auf einmal einen komplett anderen Typ Mann als Traummann vor Augen, und es dauerte nicht lange, bis ich ihn dann auch fand. Also, resignieren Sie nicht, falls Ihnen manchmal der Gedanke kommt, dass auch Sie nur auf vergebene nette Männer treffen. Es gibt so viele Gute, die ebenso wie Sie auf der Suche nach dem großen Glück sind. Sie müssen nur einfach genauer hinsehen, dann werden Sie Ihren Mr. Right garantiert entdecken.

Ihrem Mr. Right auf der Spur

Egal, ob Sie immer noch oder inzwischen wieder auf der Suche nach Mr. Right sind: Vermutlich haben Sie schon festgestellt, dass er gar nicht so leicht zu finden ist. Das geht insbesondere den Frauen so, die in ihrem Job nur sehr selten einen Mann zu Gesicht bekommen. Der Haupt-Tummelplatz fürs Kennenlernen scheidet dann nämlich schon mal aus.

Frau kann natürlich auch darauf vertrauen, dass sie Mr. Right rein zufällig trifft, aber je länger eine Frau Single ist, desto schwieriger wird es. Ich hatte mich mit der Zeit in meinem Singleleben sehr gut eingerichtet. Es machte mir nichts aus, allein zuhause zu sein und ich verbrachte viel Zeit mit meinen Freundinnen, was so lustig war, dass wir oft gar nicht mehr Ausschau hielten, ob sich vielleicht attraktive Männer in unserer unmittelbaren Nähe aufhielten. Mit der Zeit hatte ich mich dann so sehr an das Alleinsein gewöhnt, dass ich immer weniger »auf der Pirsch« war. Dass ich allerdings nur schwer Mr.

Right treffen würde, wenn ich zuhause auf der Couch saß, verdrängte ich.

Die Option »den Traummann über Freunde kennenlernen« schied mit den Jahren auch mehr und mehr aus. Freundeskreise wurden stabiler, und infolgedessen kannte ich auch die meisten guten Freunde von Freunden schon seit vielen Jahren. Selbst wenn ein interessanter Mann dabei war, hatte er in den letzten Jahren mittlerweile eine andere geheiratet und in unseren Kreis miteingeführt.

Es blieb die Frage, wo man gute Männer bloß finden könnte. Dass sich überproportional viele Männer bei Fußballspielen aufhalten, war mir bekannt. Aber so einen Mann wollte ich nicht. Also befragte ich alle Freundinnen, wo sie bisher gute Männer getroffen hatten. Aus meiner Umfrage ergaben sich drei verschiedene Arten von Plätzen und genügend Auswahl für jede Vorliebe. Orte, an denen Sie Ihrem Mr. Right »ganz zufällig« begegnen könnten, müssen nur einem der drei folgenden Kriterien entsprechen.

1 KRITERIUM 1: Männer trifft man bei Gelegenheiten, an denen alle Spaß haben. Vorausgesetzt, es gibt dort Männer. Ein Aerobic-Kurs ist für eine Frau auf der Suche nach Mr. Right nicht die erste Wahl! Diskotheken und Clubs, in denen man tanzen geht, schon eher. Schließlich sind das klassische Orte, um auf die Pirsch zu gehen. Alle haben Spaß und sehen beim Tanzen viel netter und erotischer aus als im normalen Leben (→ »Tanzen wie eine Diva«, Seite 111). Doch eine Diskothek ist natürlich nicht der einzige Ort, wo man gemeinsam Spaß haben kann. Denken Sie mal nach, und es werden Ihnen ganz schnell weitere Beispiele einfallen – von Kochkurs bis Weihnachtsmarkt liegen die Möglichkeiten zum Greifen nah. Im Urlaub kann man auch leicht Männer kennenlernen. Wieso also nicht mal einen Gruppenurlaub buchen? Besser als eher »weibliche« Ziele sind Unternehmungen, die auch Männer anziehen. Wie wäre es mit Skifahren oder einem Segelkurs?

2 KRITERIUM 2: Einen Mann können Sie hervorragend dort kennenlernen, wo etwas Neues und Außergewöhnliches passiert. In so einer Situation sind die Würfel noch nicht gefallen. In einer Kneipe, in der sich regelmäßig das halbe Viertel trifft und jeder seinen Stammplatz hat, ist es wesentlich schwerer, mit anderen Menschen in Kontakt zu kommen. Gehen Sie doch mal zur Eröffnung eines Möbelhauses. Dort können Sie auch gleich schauen, ob eine Single- oder eine Familienwohnung eingerichtet wird, und gleich die Familienväter aussortieren, die sowieso nicht infrage kommen. Alles ist neu und vielleicht ein bisschen improvisiert, da fällt es ganz einfach, zufällig ins Gespräch zu kommen. Gleiches gilt natürlich auch für die eher klassischen Varianten der »Eröffnung« wie Vernissagen oder Theaterpremieren.

3 KRITERIUM 3: Ein hervorragender Ort für einen Flirt ist immer dann gegeben, wenn Menschen sich langweilen und sie gerade nicht mit etwas anderem beschäftigt sind. Denn ein Flirt startet mit einem bewussten Augenkontakt, und den werden Sie nur sehr schwer erhaschen, wenn der potenzielle Mr. Right gerade beschäftigt ist – Sie wissen doch: Männer können sich nicht auf mehrere Sachen zugleich konzentrieren! Aber es gibt durchaus genügend Situationen, in denen gerade nichts anderes anliegt: an der Bushaltestelle, an einer roten Ampel oder an der Supermarktkasse.

Genau darum geht es. Nutzen Sie Gelegenheiten, die sich im Alltag bieten, statt jeden Freitagabend krampfhaft auf der Suche zu sein. Wer weiß, vielleicht steht ihr Mr. Right ja schon morgen zusammen mit Ihnen an der Bushaltestelle. Sie vergeben sich überhaupt nichts, wenn Sie ihn nach der Uhrzeit oder dem komplizierten Busfahrplan fragen (selbst wenn Sie den Plan durchschauen). Er wird Ihnen sicherlich sehr gerne behilflich sein, und schon sind Sie im Kontakt.

Von Ihnen
virtuell verzaubert

Früher waren Kontaktanzeigen ein bisschen anrüchig. Viele taten es, aber keiner wollte es zugeben. Irgendwie hatten sie einen komischen Beigeschmack, als würde man damit automatisch sagen, dass man es »mal wieder nötig hätte«. So ein Quatsch! Kontaktanzeigen waren schon immer ein prima Mittel, um dem zufälligen Kennenlernen etwas auf die Sprünge zu helfen. Glücklicherweise haben sie in Zeiten des Internets ihr schlechtes Image verloren. Es gibt Situationen im Leben, in denen eine Frau einfach zu wenige Männer kennenlernt. Da sind Kontaktanzeigen und Online-Dating eine gute Alternative. Ich kenne kein besseres Verfahren, sich mehrere Verabredungen mit (hoffentlich) interessanten Männern pro Woche zu organisieren. Und mehr ist in diesem Zusammenhang tatsächlich mehr. Wenn man mit mehreren Männern gleichzeitig ausgeht, dann setzt man nicht zu viel Hoffnung auf einen einzigen. Frauen machen das leider gerne. Sie treffen einen Mann, gehen mit ihm aus und womöglich am gleichen Abend ins Bett. Und dann bricht es ihnen das Herz, wenn er sich nicht mehr meldet. Begutachten Sie doch mehrere Kandidaten und prüfen Sie diese erst einmal auf eine wirkliche Pas-

4

AHA!

Er ruft
nicht an…

Was ist, wenn er Sie nach einem Date nicht anruft? Dürfen Sie dann die Initiative ergreifen? – Nein, das dürfen Sie nicht. Wenn ein Mann Sie wirklich will, dann wird er keine Zeit mit Nachdenken verschwenden, sondern sich so schnell wie möglich (ohne sein Gesicht zu verlieren, also nach ca. zwei bis drei Tagen) bei Ihnen melden. Will er Sie, ist sein Jagdinstinkt erwacht, und er wird Sie anrufen. Versprochen.

Meldet er sich nicht, hat er leider kein Interesse, Sie wiederzusehen. Das ist schade, aber auch kein Weltuntergang. Der Nächste bitte! (Mehr dazu finden Sie auch ab Seite 58.)

sung, anstatt sich zu früh auf einen Favoriten zu konzentrieren und dann vielleicht enttäuscht zu werden.

Man muss nur ein paar Regeln kennen, um das Online-Dating perfekt zu beherrschen. Das Wichtigste ist ein gutes Foto. Das gilt für Frauen noch viel mehr als für Männer, denn Männer sind visuelle Wesen. Während eine Frau auch kleine »love handles« um die Taille herum bei einem Mann sexy finden kann oder sich in eine schiefe Nase verliebt, weil der Mann, der an der Nase hängt, so entzückend ist, verläuft das Verlieben bei Männern genau andersherum. Männer schauen zuerst, ob ihnen eine Frau gefällt. Erst dann sind sie interessiert, die Frau und ihre inneren Werte besser kennenzulernen. Also brauchen Sie ein sehr gutes Foto.

Sie müssen auf diesem Foto nicht aussehen wie ein Model. Strapse und ein entblößter Busen sind auch unnötig. Voraussetzung für einen Erfolg ist aber ein nettes und ansprechendes Bild. Nicht so perfekt und streng wie ein Bewerbungsfoto, aber auch kein Gruppenfoto, auf dem Sie Ihren Kopf mit einem Kreis markieren müssen. Wenn Sie auf Partnersuche sind, investieren Sie ein paar Euros in ein Foto, das von einem Fotografen gemacht wurde statt immer nur in Schuhe. Ein Fotograf erkennt schnell Ihre Schokoladenseiten und hilft Ihnen, Ihre ganz spezielle Schönheit

ins rechte Licht zu rücken. Letztlich ist es auch nicht anderes als bei Heidi Klum. Denn auch Models sehen nicht auf jedem Bild gut aus. Es werden einfach viele Fotos in unterschiedlichen Posen gemacht und das beste ausgesucht. Ein neutraler Hintergrund bringt Sie am besten zur Geltung, ohne allzu viel über Sie und Ihr Leben zu verraten. Schauen Sie sich mal die Fotos in Singlebörsen an. Es ist haarsträubend, was für hässliche Wohnzimmer manche Menschen haben.

Kleiner Tipp am Rande: In Online-Partnerbörsen registrieren Sie sich mit einem Fantasienamen (»nick name«, kurz: »nick«) statt mit Ihrem Vor- und Nachnamen. (Ihren wirklichen Namen verraten Sie einem geeigneten Kandidaten erst direkt vor oder nach dem ersten Treffen!) Da manche Börsen die Profile ihrer Mitglieder alphabetisch sortieren, ist es besser, sich für einen nick name wie »Alexa« als für »Xenia« zu entscheiden, damit ein suchender Mann Sie auch möglichst schnell entdeckt.

Online-Partnerbörsen eignen sich übrigens auch hervorragend, um etwas mehr voneinander zu erfahren, bevor man Zeit in ein Date investiert. Sie können abgleichen, ob der andere ähnliche Hobbys und Interessen hat. Und wenn Sie beispielsweise Männer mit einem komischen Humor hassen, dann können Sie perfekt im Vorfeld solche Exemplare aussortieren.

Ein wichtiges Kriterium beim Männer-Aussortieren ist, ob er auf Ihren Text eingeht oder Sie mit einer Serien-E-Mail, die er unzähligen Frauen schickt, abspeist. Je weniger Aufwand ein Mann betreibt, um Sie kennenzulernen, umso wahrscheinlicher haben Sie es mit einem zu tun, der in den Weiten des Internets nur auf der Suche nach Sex ist. Sollten Sie nach etwas mehr als nur einem Abenteuer suchen, prüfen Sie, wie viel Mühe er sich gibt.

Damit er sich ins Zeug legen und eine interessante Mailkommunikation zustande kommen kann, sollten Sie in Ihrem Profil nicht mit Informationen über sich geizen. Am günstigsten finde ich Online-Börsen, bei denen man nicht nur Hobbys und Interessen ankreuzen, sondern auch frei über sich erzählen kann. Es macht einen immensen Unterschied, ob Sie ankreuzen, dass Sie gerne Fahrrad fahren, oder genauer erzählen können, dass Sie wahlweise gerne mit dem Fahrrad Reisen unternehmen, das Rad ein Transportmittel und Sportgerät für Sie ist oder dass Sie damit Rennen fahren. Verraten Sie etwas von sich, dann können Sie auch bei einem ersten Kontakt schon genau sehen, ob und wie der andere auf Sie eingeht.

Gesagt, getan. Sie haben ein aussagekräftiges Profil erstellt. Und dann? Dann lehnen Sie sich bequem zurück und warten darauf, dass Sie angesprochen werden. Sie lesen die Zuschriften (keine Sorge, die werden schon zahlreich eintreffen) und wählen diejenigen Verehrer aus, denen es sich zu antworten lohnt – und schon lernen Sie interessante Männer kennen.

Schon seit der Steinzeit ist es so und bis heute hat sich nicht viel daran geändert: Männer initiieren den Kontakt, aber sie haben letztlich keinen Einfluss auf den Erfolg. Die Frau wählt unter den Kandidaten aus. Nach meiner Erfahrung muss eine Kontaktaufnahme, sei es »einfach so irgendwo« oder per Kontaktanzeige, genau nach diesem Ablaufschema vor sich gehen, damit sie zum Erfolg führt. Männer wollen eine Frau jagen. Sie brauchen das Gefühl, dass sie diejenigen sind, die verantwortlich für das Glück sind. Also legen sich »die Jäger« ins Zeug und nehmen allen Mut zusammen, eine Frau anzusprechen. Das macht sie glücklich, denn damit sind sie die tollen Hechte. Und wenn Sie einem Mann ermöglichen, sich wie ein toller Hecht zu fühlen, legt er Ihnen gerne die ganze Welt zu Füßen.

Natürlich sind auch Männer schüchtern und brauchen zarte Ermunterung. Das wollen wir ihnen nicht verwehren. Also lächeln Sie, wenn Ihnen ein Mann gefällt, aber überlassen Sie ihm dann die Arbeit. Geben Sie bei Kontaktanzeigen ein paar Informationen preis, die Fragen aufwerfen und ein versteckter Gesprächsanfang sind.

Silvia Fauck ist diplomierte psychologische Beraterin, Dozentin und Autorin. Sie betreibt in Berlin und Hamburg eine Beratungspraxis für Lebenskrisen und hat sich auf das Thema Liebeskummer spezialisiert. Kontakt: www.liebeskummer-praxis.de, www.silvia-fauck.de.

Warum leiden wir so sehr unter Liebeskummer?

Wenn man Liebeskummer hat, dann fühlt man sich absolut hilflos, und es gibt leider keine Pille dagegen. Es ist so furchtbar, weil man sich am Anfang überhaupt keine Heilung vorstellen kann und nicht weiß, wann es wieder vorbei ist. Einer meiner Klienten sagte mal: »Ich sitze auf einer Rutsche und kann das Rutschen in die Tiefe nicht mehr anhalten.« Das verdeutlicht gut das Gefühl der Hilflosigkeit. Man fühlt sich schlecht, einsam und einfach »liebeskrank«.

Die meisten Menschen stecken mitten im Berufsleben. Was kann man machen, wenn einen der Liebeskummer völlig aus der Bahn wirft und man sich überhaupt nicht mehr auf die Arbeit konzentrieren kann?

Wenn es Ihnen richtig schlecht geht, dann rate ich Ihnen, auf jeden Fall zum Arzt zu gehen und sich mit Medikamenten erst mal ein wenig helfen zu lassen. In Absprache mit dem Arzt können Sie mit Beruhigungspillen oder Schlafmitteln vorerst eine Depression zu vermeiden versuchen.

Wenn Sie ein einigermaßen gutes Verhältnis zu Ihren Kollegen haben, rate ich auch dazu, es im Job zu erzählen, bevor die anderen sagen, »die hat sie ja nicht mehr alle«.

Ganz akut, wenn man nur noch weinen kann, kann man natürlich auch zum Hausarzt gehen und sich für eine Woche krankschreiben lassen. Wenn es dann nicht langsam besser wird, rate ich unbedingt zu einem Coaching oder einer Beratung, um einen Weg in die richtige Richtung zu finden.

Wie können Freunde, Angehörige oder auch Kollegen eine Liebeskummerkranke trösten?

Man kann eigentlich gar nicht helfen. Man kann nur da sein. Niemand, der unter Liebeskummer leidet, möchte dusselige Ratschläge hören. Letztlich werden diese Ratschläge ja nur aus der eigenen Hilflosigkeit gegeben.

Was man tun sollte, ist, immer wieder anrufen, fragen, ob derjenige mitkommen will oder ob man vorbeikommen soll. Lassen Sie nicht nach! Das Beste, was man als Freund tun kann, ist, am Ball zu bleiben, damit der andere sich nicht komplett verlassen fühlt.

Stimmt es, dass Männer und Frauen unterschiedlich trauern?

In der Anfangsphase des Liebeskummers ist es bei beiden gleich. Doch Männer können sich schneller sexuell neu orientieren. Da sind Männer und Frauen einfach verschieden. Keine Frau will einen neuen sexuellen Kontakt, um ihr Selbstbewusstsein wieder aufzubauen. Aber Männer sagen ganz deutlich: »Das tut mir gut.«

Tröstet »Sex mit dem Ex«?

Viele Klienten erzählen mir, dass der Sex mit dem Ex ausgerechnet der wildeste Sex war, den sie jemals hatten. Das kann ich mir nur so erklären, dass man endlich alles geklärt hat, wieder frei ist und sich deshalb so richtig fallen lassen kann. Das gilt natürlich nicht für die akute Phase des Liebeskummers. Wenn eine Frau, die akut liebeskrank ist, sich auf Sex mit dem Ex einlässt, dann hat sie meist eine Hoffnung, die sich nicht bewahrheitet. Sie glaubt, dass er sie immer noch liebt, wenn er mit ihr schläft. Aber das ist leider ein Irrtum und heilt den Liebeskummer nicht.

Wie lange »darf« man trauern, bzw. wann und wie erkennt man, dass es Zeit ist, »ins Leben zurückzukehren«?

Wenn ein Tief länger als drei Monate andauert, dann sollte man sich unbedingt professionelle Hilfe holen, weil man sonst mehr und mehr in die Einsamkeit abrutscht. Der Liebeskummer kann sich dann ganz schnell in eine ausgewachsene Depression verwandeln. Dann braucht man rechtzeitig jemanden, der einem eine andere Blickrichtung zeigt und neue Impulse in einem wertfreien Gespräch gibt. Das ist der beste Weg.

Man kann natürlich auch ausgehen, oder sich ein neues Hobby suchen, aber das wäre im Grunde nur Ablenkung und der zweite Schritt vor dem ersten. Man ist noch nicht wirklich frei für neue Bekanntschaften, bevor man nicht voll und ganz durch den Liebeskummer hindurch ist.

4

Aber schreiben Sie einen Mann nicht zuerst an. Übernehmen Sie nicht die Initiative, auch wenn Sie sein Foto und den dazugehörigen Text, den Sie beim Surfen durch die Profile der geeigneten Kandidaten entdeckt haben, schnuckelig finden! Ich weiß, dass es gar nicht so leicht ist, ganz ruhig zu bleiben, wenn Ihnen schon das Wasser im Mund zusammenläuft. Schließlich sind wir Frauen es gewohnt, unser Schicksal in jeder Lebenslage selbst in die Hand zu nehmen. Aber das Spiel zwischen Männern und Frauen funktioniert nicht auf diese Weise. Lehnen Sie sich zurück und geben Sie den Männern das gute Gefühl, Sie erjagt zu haben. Dazu brauchen Sie nur ein gelungenes Foto und ein ansprechend formuliertes Profil, dann werden Sie auch oft genug angesprochen, um auswählen zu können.

Lassen Sie sich einladen – und genießen Sie es, eine Dame zu sein

Tolle Frauen haben es gar nicht so leicht, einen passenden Partner zu finden. Das liegt nicht daran, dass es keine tollen Männer gäbe. Es liegt daran, dass tolle Frauen ziemlich einschüchternd wirken.
Tolle Frauen können für sich selbst sorgen. Sie haben einen Beruf gelernt, sind klug und unabhängig. Das strahlen sie auch aus. Warum auch nicht, schließlich haben sie es sich hart erarbeitet. Doch tolle Frauen haben gleichzeitig eine Sehnsucht nach Wärme und Zärtlichkeit. Sie wünschen sich eine starke Schulter und eine behaarte Brust. Manchmal erschrecken sie über ihre Wünsche, denn schließlich sind sie doch stolz darauf, in jeder Situation ihren Mann stehen zu können. Keine Sorge: Das widerspricht sich wirklich nicht!

Das, was eine tolle Frau so besonders auszeichnet, stimmt aber oft nicht mit der männlichen Vorstellung von Weiblichkeit überein. Dieses Bild von einer Frau stammt noch aus der Steinzeit, wie fast alles, was sich zwischen Männern und Frauen abspielt. Männer sind es von jeher gewohnt, die Beschützer und Versorger ihrer Frauen zu sein. Diese Rolle kennen sie. Sie gibt ihnen Sicherheit und Halt.
Wenn Frauen allzu selbstsicher daherkommen, fragen sich Männer, ob diese Frau wirklich einen Partner braucht. Sie können ja nicht ahnen, dass sich hinter der selbstsicheren Frau ein zartes Mädchen, das sich nach Liebe sehnt, versteckt.
Es gibt eine Situation, in der dieses Missverständnis besonders deutlich zum Aus-

druck kommt: beim ersten Date. Nach einem wie auch immer gearteten Kennenlernen sitzen sich Mann und Frau das erste Mal gegenüber, um sich ausführlich zu beschnuppern. Wenn eine Frau sich bei dieser Verabredung zu burschikos und kumpelhaft benimmt, muss sie sich nicht wundern, dass der Mann irritiert ist und sich von ihr abwendet.

Ich habe festgestellt, dass es viel schöner und leichter ist, an so einem Abend »viel mehr Frau zu sein«, als ich es sonst bin. Im Beruf bin ich manchmal ein mehr oder weniger geschlechtsloses Wesen, das genauso professionell wirkt wie ein Mann. Doch wenn ich Feierabend habe, will ich ganz Frau sein. Wenn ich mit einem Mann ausgehe, mache ich mich hübsch und benehme mich damenhaft. Natürlich lasse ich mir in den Mantel helfen und jede Tür aufhalten, auch wenn ich das den Rest der Woche sehr gut allein kann. Ich genieße es, wenn er sich wie ein Gentleman verhält und mir damit zu verstehen gibt, dass ich eine wundervolle Frau bin.

Das Ganze ist ein altes Spiel, und ein besonderes Ritual zwischen Männern und Frauen. Plötzlich wird der Mann zum Gentleman und die Frau zur Dame. Es gelten ganz spezielle Spielregeln, und eigentlich sollte jeder Mann und jede Frau diese traumwandlerisch beherrschen und sich nicht dagegen sperren. Wenn man sich darauf einlässt, dann macht dieses Spiel verdammt viel Spaß.

Ganz besonders wichtig wird dies, wenn es nach dem romantischen Essen ums Bezahlen geht. Egal, wie viel Geld Sie verdienen, lassen Sie sich einladen! Es bereitet dem Mann eine große Freude, wenn er Sie einlädt. Sein Selbstbewusstsein speist sich daraus, dass er in der Lage dazu ist, Sie auszuführen und Ihnen einen schönen Abend zu bereiten. Würdigen Sie es, in dem Sie sich charmant bedanken, und er fühlt sich als ganzer Mann.

Sie müssen nicht glauben, dass das ungerecht wäre. Erstens wird es, falls es zu einer Beziehung kommt, nicht dauerhaft so sein, dass er überall und immer für Sie zahlt. Die meisten Geschenke gibt es in der Werbephase, und die ist bekanntlich nach höchstens drei Monaten wieder vorbei. Und zweitens ist das der »Return on Investment« für den Aufwand, den Sie vor einem Date betreiben. Vergessen Sie nicht, die Kosten für den Friseurbesuch, die teure Kosmetik und die neuen Schuhe mit einzurechnen. Sehen Sie!

Auch wenn Sie bereits seit Jahren liiert sind – seien Sie zur Abwechslung immer mal wieder eine bezaubernde und elegante Dame statt langweilige Ehefrau. Sie werden erstaunt sein, wie Ihr Pantoffelheld stante pede zu dem Gentleman mutiert, in den Sie sich damals verliebt hatten.

4

Ein Korb ist kein Weltuntergang

Klar, es fühlt sich nicht schön an, wenn Ihnen jemand zu verstehen gibt, dass Sie nicht seine Traumfrau sind. Ein misslungener Flirt ist enttäuschend – aber kein Weltuntergang.

Aus Angst davor abzublitzen, flirten wir leider nicht unbefangen, absichtslos und einfach aus Spaß an der Freude. Wäre flirten eine nette Routine, ganz selbstverständlich in Ihren Alltag zur Steigerung Ihres täglichen Wohlbefindens integriert, wäre dieser EINE Flirt nur einer von vielen und die mit dem Korb verbundene Enttäuschung leicht wegzustecken. Meist ist es aber anders. Vor einem Flirt haben Sie sich schon unzählige Gedanken und große Hoffnun-

AHA!

Sie sind
nicht gemeint

Männer und Frauen sprechen oftmals verschiedene Sprachen. Während ein »Nein« in der Männerwelt sich klar auf einen Vorschlag bezieht, nehmen Frauen ein »Nein« oft persönlich. Sie glauben, dass die Ablehnung eines Vorschlages zugleich bedeutet, dass man sie nicht mag. Das ist in 99 Prozent der Fälle ein Irrtum. Also nehmen Sie es sportlich und machen Sie es wie die Männer: Bekommen Sie ein »Nein« auf eine Frage, die Ihnen wirklich am Herzen liegt, dann ziehen Sie sich nicht zurück und heulen sich die Augen aus, weil Sie das Gefühl haben, als Mensch zurückgewiesen zu sein. Das stimmt nicht, es war nur ein »Nein«. Überlegen Sie sich stattdessen eine Strategie und gute Argumente, wie Sie den Vorschlag erneut anbringen können.

gen gemacht. Das führt dazu, dass es Sie Überwindung kostet, auf die andere Person zuzugehen, weil Sie sie mittlerweile so toll finden, dass Ihnen eine Absage ganz schön zu schaffen machen kann.

Dabei übersehen wir allerdings, dass ein Korb viel weniger mit uns zu tun hat, als wir normalerweise denken. Meist nehmen wir eine Absage persönlich. Sie vermittelt uns das Gefühl, nicht toll genug zu sein. Wir finden uns mit einem Mal uninteressant und wahlweise dick oder hässlich oder alles zusammen. Wir fühlen uns als Person wertlos und deshalb trifft uns ein Korb bis ins Mark. Dabei hat ein Korb nur bedingt mit uns zu tun. Es hat eben mit dieser Person nicht gefunkt. Sie sind ein wertvoller Mensch, nur weiß es Ihr Gegenüber nicht. Wie auch? Wahrscheinlich hat er Sie nur ein paar Sekunden lang wahrgenommen und kann weder beurteilen, was für ein

Mensch Sie sind, noch ob Sie womöglich zueinander passen würden. Vielleicht sind Sie gerade auf jemanden zugegangen, dessen Beuteschema Sie nicht entsprechen. Vielleicht war er aber einfach auch nur schlecht drauf, gerade frisch in jemand anders verliebt oder, oder, oder … Es kann Dutzende Gründe dafür geben, dass der Mensch nicht auf Ihr Angebot angesprungen ist. Viele davon haben gar nichts mit Ihnen zu tun.

Das Schlimmste, was man in so einer Situation machen kann, ist zu jammern und sich weiter in die Traurigkeit hineinzusteigern. Klar, einen Korb zu bekommen ist nicht schön, und schade ist es obendrein. Aber wenn Sie im Flirten mehr als ein Spiel sehen (→ Interview »Flirten«, Seite 94) und nicht zu große Erwartungen damit verbinden, ist eine Absage nur eine kleine Kränkung aber kein Trauma.

Zeit für ein Baby?

Wir Frauen von heute haben es nicht leicht. Unsere Mütter haben jahrzehntelang dafür gekämpft, dass wir bessere Ausbildungs- und Jobchancen bekommen – und jetzt haben wir ein neues Problem: Wir verschieben die Familienplanung zu weit nach hinten. Irgendwann bekommt jede Frau einmal

das Ticken der hormonellen Uhr zu spüren. Sei es, dass sie gerade den magischen 30. Geburtstag erlebt hat oder frisch verliebt ist und spürt, dass er »genau der Richtige« ist. Plötzlich und völlig unverhofft ist der Wunsch nach einem Kind da. Aber genauso schnell, wie dieser Wunsch auftaucht, kommen Fragen und Zweifel. Bin ich wirklich schon reif für ein Kind und ist es überhaupt der richtige Zeitpunkt?

Mit der Pille haben wir ein Verhütungsmittel zur Verfügung, mit dem wir unsere Fruchtbarkeit steuern können, was uns bessere Chance in Ausbildung und Beruf beschert. Doch seit Einführung der Pille hat sich aber auch das Alter der Erstgebärenden Stück für Stück nach hinten verschoben. Statt Kinder »einfach zu bekommen«, müssen Frauen (und Männer) heute bewusste Entscheidungen treffen: Will ich ein Kind, und wenn ja, wann? Bekamen noch vor wenigen Jahrzehnten unsere Mütter mit Anfang zwanzig das erste Kind, ist es heutzutage nicht mehr ungewöhnlich, eine Frau mit Anfang vierzig einen Kinderwagen schieben zu sehen.

Das ist sicherlich alles ganz prima, um sich selbst zu verwirklichen, sich zu orientieren, einen Beruf und einen Lebensstil zu finden, der passt. Darüber vergisst man allerdings leicht, den Wunsch nach Kindern in die Planung mit einzubeziehen. Aber steckt man erst einmal im Beruf, vergehen die Jahre wie im Flug.

Natürlich dauert es lange, bis man zu einer einigermaßen ausgereiften Persönlichkeit wird. Zunächst gilt es, einiges zu erleben, sich beruflich zu etablieren und in allen Bereichen des Lebens Erfahrungen zu sammeln. Wenn man das Gefühl hat, jetzt könnte etwas Neues kommen, man ist endlich »reif für ein Kind«, muss erstmal ein passender Vater gefunden werden.

In der Annahme, dass wir fast unendlich Zeit haben, geben sich einige Frauen lange Zeit unrealistischen Liebschaften und unglücklichen Beziehungen hin. Unzählige Frauen, die »später« gerne Kinder haben möchten, vergeuden wertvolle Zeit mit angeblichen Traummännern im Zeugungsstreik, die »noch nicht reif« für ein Kind, für das erwachsene Leben und was auch immer sind.

Doch was uns nicht gesagt wird, ist, dass die Fruchtbarkeit zwischen dreißig und vierzig rapide abnimmt. Während wir in der Schule gut aufgeklärt werden, wie wir eine Schwangerschaft verhüten können, sagt uns niemand, wie schwer es werden kann, mit Ende 30 ein Kind zu bekommen. Als ich hörte, dass Madonna noch mit 42 ein Kind bekam, lehnte ich mich entspannt zurück. Das beruhigte mich ungemein. Was sollte ich mir Stress machen, dachte ich damals, wenn ich noch so viel Zeit habe. Ich beschloss, erst einmal das Leben zu genießen und mich beruflich zu etablieren. Doch möglicherweise steht den Hollywood-Größen ein ganzer Stab von Ärzten zur Hilfe, um ihren Traum zu verwirklichen? Und möglicherweise ist es für »Andrea von Nebenan« hingegen gar nicht so einfach, mit Mitte vierzig noch ein Kind zu bekommen?

Ich begann zu recherchieren und stieß auf alarmierende Zahlen und Fakten. Natürlich endet die Fruchtbarkeit nicht willkürlich mit dem vierzigsten Geburtstag, und trotzdem wird es spätestens in diesem Alter mit dem Kinderwunsch eng – das sagt einem nur niemand. Die Qualität der Eizellen nimmt ab Mitte dreißig stetig ab, sodass es länger dauern kann, bis eine Schwangerschaft eintritt und Fehlgeburten häufiger auftreten. Doch nicht nur das Alter der Frau spielt eine Rolle. Auch die Spermienqualität des zukünftigen Vaters nimmt ab Anfang dreißig stark ab und beeinflusst genauso die Chance, ein (gesundes) Kind zu bekommen. Mittlerweile ist jedes sechste Paar in Deutschland ungewollt kinderlos,

weil der Kinderwunsch sich erst zu spät konkretisiert hat. Dass es gar nicht so leicht ist, schwanger zu werden und möglicherweise ein anstrengender Parcours von Arzt zu Arzt nötig wird, bekommt man aber leider erst auf Nachfrage erzählt.

Also, falls Sie noch in den zwanzigern oder dreißigern sind: Sie müssen nicht gleich heute Abend loslegen, aber bedenken Sie, dass es von Jahr zu Jahr für Ihren Körper komplizierter wird, schwanger zu werden. Wenn Sie Kinder möchten, ordnen Sie Ihre Prioritäten! Treffen Sie eine bewusste Entscheidung für oder gegen ein Leben mit Kindern, planen Sie die Familienphase(n) in Ihre Karriereplanung mit ein und überdenken Sie Ihre Ansprüche an Männer.

Geben Sie sich nicht mit der Hälfte zufrieden

Immer wieder kommen Frauen zu mir in die Beratung, weil sie Geliebte sind und mit der Situation nicht klarkommen. Sie sind seit Wochen, Monaten oder sogar schon Jahren die Geliebte eines Mannes, der sich einfach nicht von seiner Ehefrau oder Freundin trennen will.

Diesen Frauen kann geholfen werden! Schauen wir uns die Situation einmal genauer an. Häufig sind Frauen, die Geliebte sind, unabhängig, intelligent, gepflegt und

mit einer Reihe anderer toller Eigenschaften ausgestattet. Genau wie allen anderen Frauen würde man ihnen sofort einen »ganzen Mann« gönnen, damit sie glücklich werden, statt unglücklich in der Warteposition zu verharren.

Die Zeit, die sie mit dem geliebten Mann verbringen, ist in der Regel ganz wunderbar, denn sie erleben nur die Sternstunden gemeinsam. Sie teilen keinen Alltag und keine Verpflichtungen, sondern genießen

die knappe Zeit zusammen und unternehmen stets etwas Besonderes. Es geht alles
gut, solange die Geliebte bescheiden ist.
Fängt sie an, den Mann zu drängen, doch
endlich die Situation zu ihren Gunsten zu
verändern, wird es schwierig. Das ist der
beste Weg, den Mann zurück zu seiner
Ehefrau oder in die Arme der nächsten
Geliebten zu treiben. Für den Mann gibt
es keinen Grund ihrem Drängen nachzu-
geben. Ihm geht es gut. Er hat ein behag-
liches Zuhause, das von seiner Ehefrau
gemanagt wird, und gleichzeitig eine auf-
regende Geliebte für schöne Mußestunden. Das Einzige, was an dieser Situation
störend sein könnte, ist der Koordina-
tionsaufwand.

Während die Geliebte von Treffen zu Treffen lebt und sich Hoffnungen macht, dass
ihr der geliebte Mann eines Tages ganz
gehören wird, genießt er die Situation und
wird einen Teufel tun, sie zu verändern.
Aber das sagt er seiner Geliebten natürlich
nicht! Er kann sie für einige Tage oder
Wochen ruhigstellen, wenn er einen plau-
siblen Grund dafür anführt, weswegen er
»gerade jetzt« keine klaren Verhältnisse
schaffen kann. So vergehen oft Jahre. Leider
sind es häufig die »besten Jahre« einer Frau,
genau die Jahre, in denen sie sich eigentlich
darüber klar werden sollte, ob sie eine Familie gründen und Kinder haben möchte.
Verschenkt sie diese Jahre an einen gebun-

denen Mann, kann so manche Geliebte
ihren Kinderwunsch schließlich begraben.
Wenn ich in einem Coaching eine Klientin
frage, ob sie nicht dabei ist, ihre besten
Jahre zu verschenken, versuchen mir die
betroffenen Frauen oft zu widersprechen,
denn sie bewegen sich in einem Teufels-
kreis der Hoffnungen. Sie argumentieren,
dass viele Männer eine Frau erst dann verlassen, wenn sie eine neue Frau gefunden
haben, weil sie einfach nicht allein sein
können. Das stimmt. Aber wollen Sie
wirklich so einen unselbstständigen
Mann? Schießen Sie ihn lieber in den
Wind – auch wenn Sie das jetzt kurzzeitig
unglücklich macht –, und seien Sie bereit
für einen Mann, der Sie voll und ganz will.
Lassen Sie die Finger von gebundenen
Männern und machen Sie sich nicht unglücklich. Sie haben Besseres verdient!
Wenn Sie sich einen Moment von Ihrer
Fixierung auf den einen lösen, werden Sie
erkennen, dass es unheimlich viele andere
tolle Männer gibt, die auf Sie warten.
Sind Sie gerade dabei, sich in einen gebundenen Mann zu verlieben, machen Sie es
ihm nicht nett und leicht. Schenken Sie
ihm keinen Sex, auch wenn Sie sich nach
ihm verzehren. Will er nur eine Affäre, werden Sie recht schnell nichts mehr von dem
ach so tollen Mann hören. Ist er wirklich
an Ihnen als Person interessiert, wird er
eine Weile auf Sex verzichten können, um

Sie besser kennenzulernen. Wenn er Sie dann wirklich mag, wird er konkrete Schritte unternehmen, sich von seiner Frau zu trennen. Diese sollten aber RICHTIG KONKRET sein und nicht nur Geschwätz.

Gehen Sie also frühestens mit ihm ins Bett, wenn er eine eigene Wohnung gemietet und die Scheidung eingereicht hat. Ich weiß, das ist hart. Aber Sie wollen doch mit einem ganzen Mann glücklich sein, oder?

Die »Lass uns Freunde bleiben«-Falle

Sie sind gerade frisch getrennt und wollen es noch gar nicht glauben? Sie können sich beim besten Willen nicht vorstellen, wie es sein soll, den Mann, der so frisch Ihr »Ex« ist, nicht mehr täglich zu sehen? Versuchen Sie nicht krampfhaft, eine Freundschaft ins Leben zu rufen, wenn Sie eigentlich etwas ganz anderes wollen, nämlich eine Beziehung. Akzeptieren Sie, wie es ist: Sie haben sich getrennt. Jeder geht jetzt seine eigenen Wege! Wenn etwas nicht funktioniert, dann ist es besser, einen Schlussstrich zu ziehen. Aus. Ende.

Beziehungen können in die Brüche gehen, auch wenn Sie sich das Gegenteil wünschen. Manche Dinge klappen eben nicht, da kann frau sich noch so sehr bemühen. Dabei kann es sich genauso um einen Mann handeln, der Sie (wundervolle Frau, die Sie sicherlich sind) verschmäht hat oder um einen Ex-Freund, bei dem Sie die Vorsilbe »Ex« bisher nicht akzeptieren können. Beiden gemeinsam ist: Sie wollen Sie nicht

zur Freundin oder Frau haben. So ist das eben. Zwingen können Sie sie nicht! Manche Frauen glauben, sie könnten durch irgendwelche strategischen Verhaltensweisen, die sie sich angelesen haben, Männer dazu bringen, sich in sie zu verlieben, vor ihnen auf die Knie zu fallen und um ihre Hand anhalten. Ich habe eine schlechte Nachricht für Sie: So etwas passiert nur in Hollywood! Liebe lässt sich nicht erzwingen, und nur, weil Sie bei kleineren Gefälligkeiten Erfolge erzielt haben, wird er nicht (wieder) für Sie entflammen. Entweder ein Mann liebt Sie und zeigt das deutlich, oder er liebt Sie eben nicht. Frauen können natürlich mit Männern befreundet sein. Wenn Sie gerade nicht liiert sind, darf es gern sogar eine ganze Reihe von Männern geben, die Ihnen den Computer reparieren oder Sie immer mal zu einem netten Essen einladen. Ich nenne solche Männer eher Verehrer, weil diese vermutlich eine wie auch immer geartete

4

Hoffnung haben, dass Sie sie irgendwann doch mal »ranlassen«. Natürlich können Sie auch diverse männliche Freunde haben, mit denen Sie gemeinsame Interessen und Hobbys teilen und mit denen so gar keine erotische Verbindung besteht. Sie benehmen sich diesen Männern gegenüber wie ein Kumpel und Sie werden von ihnen als Kumpel betrachtet. Das kann funktionieren. Allerdings nur, wenn im Vorfeld niemals auch nur ein kleiner Flirt zwischen Ihnen war und auch in Zukunft

nichts passieren soll. Diese Männer sind dann so eine Art Ersatzbrüder. Nur dürfen Sie sich nicht einreden, dass Ihr Ex auf einmal – nur weil Sie nicht mehr miteinander schlafen – zu einem geschlechtslosen Bruder mutiert!

Also versuchen Sie erst gar nicht, mit Ihrem Ex befreundet zu sein, wenn Sie gerade erst getrennt sind. Einer von beiden wird garantiert unter diesem Arrangement leiden. Sollte inzwischen Gras über die Sache gewachsen sein, Sie sich ein paar Jahre nicht gesehen haben und es wirklich sicher sein, dass keiner von beiden auch nur ein Fünkchen erotisches Interesse an dem anderen hat (am besten sind Sie beide wieder liiert), kann man es versuchen. Aber passen Sie auf, dass Sie den Funken nicht unterschätzen und dass sich nicht alte Beziehungsmuster wieder einschleichen!

Ganz ehrlich: Wieso wollen Sie eigentlich mit dem Ex befreundet sein? Ist nicht die Gefahr zu groß, irgendjemanden damit zu verletzen? (Nicht zuletzt Ihren aktuellen Partner oder sich selbst, wenn Sie sich noch Hoffnungen machen.) Klar, dieser Mensch hat Ihnen mal viel bedeutet, aber ist er es wirklich wert, so viele Risiken einzugehen? Es gibt unzählige wunderbare Menschen um Sie herum. Es lohnt sich, für diese die Augen offen zu halten. Vermutlich passt jemand anders sogar viel besser zu Ihnen, denn sonst hätten Sie sich nicht getrennt.

Täuschen Sie keinen Orgasmus vor

Täuschen Sie hin und wieder Befriedigung vor, wo keine ist? Damit sind Sie nicht allein. Angeblich schauspielert rund die Hälfte aller Frauen beim Sex einen Orgasmus. Als ich mit Freundinnen eines Tages über diese Frage sprach, bekam ich unterschiedliche Gründe genannt. Es ging um den »lieben Frieden«, es wurde die Scheu genannt, zu sagen, was frau wirklich will, es gab die Angst, eine Kränkung auszusprechen, die noch viel mehr Schaden anrichten kann, und zu guter Letzt wurde unter Kichern gestanden, dass das Vortäuschen ein probates Mittel ist, einen langweiligen Akt zu beenden. Letzteres ist bei Gelegenheitsliebhabern, für die frau nicht noch mehr Zeit verschwenden will, durchaus angebracht – aber bei dem Mann, mit dem Sie ein paar Jahre zusammenbleiben wollen, sicherlich nicht das Mittel erster Wahl. Letztlich schneiden Sie sich ins eigene Fleisch, wenn Sie vorgeben, befriedigt zu sein, es aber nicht sind. Sie vermeiden zwar unangenehme Diskussionen, werden aber Ihren Partner niemals dazu bekommen, sich etwas mehr Mühe zu geben, sodass er Ihre Wünsche eines Tages erfüllt. Woher soll er denn wissen, was er zu tun oder zu lassen hat, wenn Sie es ihm nicht sagen? Natürlich müssen Sie nicht zum Orgasmus kommen! Niemand hat gesagt, dass ein schönes Zusammensein immer zielgerichtet auf den Orgasmus hinauslaufen muss. Aber ganz darauf verzichten? Nur um des lieben Friedens willen?

Und was ist mit den Frauen, die bisher nie einen Orgasmus hatten? Wir sind täglich in den Medien von so viel Sex umgeben, dass es peinlich sein kann, das Gefühl zu haben, nicht genügend zu können oder zu leisten. Gerade Frauen, die noch nie einen Orgasmus beim Sex mit Männern hatten, fühlen sich leicht minderwertig und täuschen lieber vor, als sich zu bekennen. Meist wissen sie sehr gut, wie sie sich selbst eine Freude bereiten können, doch bisher hat leider kein Mann die richtigen Knöpfe gefunden. Es ist nicht leicht, darüber zu reden und genau zu erklären, wo es guttut und wo weniger. Versuchen Sie es trotzdem! Ein erfülltes Liebesleben mit Ihrem Partner ist es wert, nach den richtigen Worten zu suchen und ein bisschen Herumdrucksen durchzustehen. Denn auch hier gilt: Wenn Sie bereitwillig Befriedigung vortäuschen, wird Ihr Liebhaber niemals das Signal bekommen, etwas zu verändern. Bekennen Sie sich zu Ihrem Wunsch nach einem schönen Orgasmus, den Sie mit Ihrem Partner erleben möchten. Dann kann es nicht mehr lange dauern, bis es tatsächlich geschieht.

4

Alle
meine Lieben

→ Das Zusammenleben mit einem Partner und mit Kindern ist manchmal recht schwierig. Nehmen Sie es trotzdem leicht und machen Sie es sich so schön wie möglich. Werden Sie dabei zum Alltagsprofi und finden Sie die richtige Balance zwischen klaren Ansagen und entspannter Gelassenheit, damit Sie auch zu Hause wie eine Diva behandelt werden.

Ohne Punkt und Komma? Reden Sie lieber Klartext!

Frauen benutzen oft mehr Wörter als notwendig, um einen Sachverhalt zu verdeutlichen. Sie setzen auf Harmonie und eine gute Atmosphäre und bauen rund um ihre Botschaft reichlich verbalen Weichspüler ein, damit sich alle lieb haben. Leider irritiert das häufig den Rest der Menschheit. Nehmen wir mal an, Sie sagen zu Ihrem Hund: »Bitte hör auf zu betteln, damit wir in Ruhe essen können!« Er wird Sie mit schräg gehaltenem Köpfchen treu ansehen, aber kein Wort verstehen. Das ist viel zu umständlich. Sagen Sie dagegen: »Aus! Sitz!«, wird er es akzeptieren, weil Sie sein Chef im Rudel sind. Zu komplizierten Formulierungen kann er nicht folgen. Ein Hund braucht klare Ansagen – Männer und Kinder ebenso. Mit deutlichen Handlungsanweisungen können sie am besten umgehen. Das ist für manche Frauen eine schwere Übung. Überwinden Sie sich und sagen Sie charmant, aber direkt, was Sie sich wünschen! Sie werden überrascht sein, was Sie auf einmal alles bekommen. Wenn ich neben meinem Mann sitze, mit den Schultern kreise und sage, wie anstrengend mein Tag war, werde ich stets enttäuscht. Eigentlich meine ich: »Bitte massiere meinen Nacken«, und bedenke nicht, dass er Schwierigkeiten hat, meine indirekte Sprache zu verstehen. (Falls er sie doch versteht, reagiert er aus Prinzip nicht, denn er möchte mir beibringen, dass ich ihm gegenüber Klartext reden soll.) Will ich, dass er mich massiert, muss ich ihn darum bitten. Die Chancen stehen gut, dass

5

Weichspüler
adé!

Frauen büßen in den Augen der Männer oft Autorität ein, wenn sie zu zaghaft formulieren. Viele neigen dazu, selbst im Job in ihre an sich überzeugenden Vorschläge haufenweise Füllwörter wie »eigentlich«, »vielleicht« oder »irgendwie« einzuflechten. Das schwächt die Botschaft ab. Es hört sich für andere tatsächlich so an, als wären Sie selbst darüber erschrocken, dass Sie sich trauen, einen Vorschlag zu machen. Wenn Sie eine gute Idee haben, sprechen Sie sie in einfachen Worten aus – und genießen Sie die Wirkung!

er es dann tut, schließlich ist mein Mann ein Netter, aber ich muss auch mit dem Risiko einer Absage leben.

Genau dieses Risiko ist der Grund, wieso Frauen oft glauben, dass es besser wäre, indirekt zu formulieren. »Wenn man nicht klar gesagt hat, was man will, verliert man auch nicht sein Gesicht, wenn der andere nicht in der gewünschten Weise reagiert.« Es bringt uns nicht weiter und nicht zum Ziel. Wie wollen Sie ein besseres Leben bekommen, wenn Sie sich nicht trauen, auch mal ein kleines Risiko einzugehen? No risk, no fun! Sprechen Sie Klartext! Wenn ein Kind sprechen lernt, spricht es nicht mit eingeschobenen Nebensätzen und Füllwörtern. Es beginnt mit einzelnen Wörtern und Gesten und fängt dann an, kurze Sätze zu bilden. Genau so funktioniert Sprache. Je einfacher, desto verständlicher. Nicht jeder Satz muss so ausdifferenziert sein wie ein juristisches Schreiben oder ein kunstvolles Theaterstück. Wenn Sie etwas von jemandem wollen, sagen Sie es in einfachen Worten und warten Sie ab, was passiert. Allerdings: Nur weil Sie sich etwas wünschen, ist der andere nicht dazu verpflichtet, sich entsprechend zu verhalten. Akzeptieren Sie auch ein Nein und nehmen Sie es weder persönlich noch übel (→ »Ein Korb ist kein Weltuntergang«, Seite 62). Männer werden Sie für Ihre klare Kommunikation lieben und Ihnen dafür die Sterne vom Himmel holen.

Bye-bye, fleißiges Lieschen

Viele Menschen können nicht delegieren. Schlimmer noch: Sie können noch nicht einmal zusehen, wie sich jemand abmüht. Ungefragt nehmen sie ihm das, was er gerade tut, aus der Hand und erledigen es »mal eben schnell« für ihn. Das ist ein Fehler, der sich bald rächt. Früher oder später erkennen die lieben Mitmenschen dieses Muster und stöhnen augenblicklich auf, wenn ihnen eine Arbeit nicht gefällt, weil sie wissen, dass sie dann sofort Hilfe von Ihnen angeboten bekommen.

Das klassische Beispiel ist Bügeln: Eine Frau sieht, wie sich ihr Mann beim Bügeln abmüht und mehr Falten als vorher in sein Hemd bügelt. Es juckt sie in den Fingern, deswegen bügelt sie ihm schnell das Hemd. Glauben Sie, dieser Mann wird jemals wieder selbst ein Hemd bügeln wollen? Und glauben Sie, dass ein Mann nicht in der Lage ist, das Bügeln zu lernen? Das ist ein Irrtum: Meiner ist der Bügelmeister! Natürlich geht es schneller, wenn Sie jemandem eine Aufgabe abnehmen, die Sie besser erledigen können. Sie müssen aber aufpassen, dass es nicht zur Gewohnheit wird! Plötzlich schuften Sie wie eine Wahnsinnige bis spät in die Nacht, während Ihre Familie schon Feierabend macht. Um bei dem Beispiel zu bleiben: Ich kenne diverse Haushalte, in denen die Frau den ganzen Abend bügelt, während ihre Familie nebendran auf der Couch sitzt und fernsieht. Hoffentlich fühlt sich niemand vom Dampf gestört …

Wenn es sich herumgesprochen hat, dass Sie bereitwillig die lästigen Aufgaben übernehmen, werden Sie irgendwann gar keine Zeit mehr für spannende Dinge haben. Das gilt in allen Lebenslagen, im Job genauso wie im Privatleben. Und genauso wie Sie vor lauter Kopieren und Protokolle-Schreiben keine Zeit mehr für Ihre Aufgaben haben, werden Sie zu Hause schnell zum Dienstmädchen für alle degradiert. Unschöner Nebeneffekt: Man wird Sie mögen, aber nicht respektieren. Wollen Sie für Ihren Mann das allzeit bereite Heinzelmännchen oder eine attraktive (Gesprächs-)Partnerin sein? Ihren Kindern die Mama, die tolle Burgen baut oder die sich allein schwitzend mit der Wäsche abrackert? Eben.

Wenn Sie das Gefühl haben, ständig überarbeitet zu sein und nichts geschafft zu haben, wird es Zeit, das Wörtchen »nein« zu lernen. Sagen Sie »Nein«, wenn man Sie bittet, unangenehme Aufgaben zu übernehmen. Lassen Sie Ihr Mitleid zu Hause, wenn jemand stöhnend an einer Aufgabe verzweifelt, die er durchaus lernen kann. Machen Sie vor, wie es geht, und muntern

5

Sie ihn auf, aber nehmen Sie ihm solche Aufgaben von jetzt an nicht mehr ab. Beherzigen Sie diesen Rat und werden Sie egoistischer. Nur keine Sorge, niemand wird aufhören, Sie zu mögen, nur weil Sie hin und wieder etwas mehr an sich denken. Gestalten Sie Ihr Leben! Die anderen werden Sie ab sofort nicht mehr als das »fleißige Lieschen« betrachten, sondern Ihre Qualitäten erkennen und würdigen. Und Sie haben abends das Gefühl, etwas Wichtiges geschafft zu haben!

Weihnachten kommt jedes Jahr überraschend

Ich kaufe das ganze Jahr über Weihnachts- und Geburtstagsgeschenke. Wenn ich etwas Nettes erspähe, kaufe ich es, verpacke es sofort und versehe es mit einem Aufkleber mit dem Namen desjenigen, den ich beglücken will. Dann verstecke ich es an einem geheimen Ort. Außerdem führe ich eine Liste mit potenziellen Geschenken. Immer wenn jemand mir gegenüber einen Wunsch äußert, notiere ich mir das Gewünschte. Das kann ein Seufzer einer Freundin sein, dass sie schon ewig nicht mehr bei der Kosmetikerin war, ein Buch, von dem man geschwärmt hat oder aber die Verzweiflung des Freundes, dem immer die Weinkorken kaputt gehen und der Wein deswegen verdorben ist, weil er keinen gescheiten Korkenzieher besitzt. Natürlich ist auch diese Liste an einem geheimen Ort versteckt.

Ich gehöre nicht zu den Leuten, die im Dezember ins Schwitzen geraten und hektisch die Geschäfte stürmen. Genauso wenig schenke ich hektisch organisierte Verlegenheitsgeschenke, die die Beschenkten in den seltensten Fällen beglücken. Und seitdem ich diese zwei Strategien anwende, habe ich auch vor Weihnachten keinen Stress mehr.

Manchmal handhabe ich es mit den Geschenken sogar ganz anders. Ich kaufe etwas, das förmlich den Namen des zukünftigen Besitzers schon aufkleben hat. Weil ich oft nicht bis Weihnachten warten kann, um die freudig strahlenden Augen zu sehen, schenke ich es einfach sofort beim nächsten Treffen. Klar, solche Eskapaden beanspruchen meinen Geldbeutel, aber die Überraschung ist es immer wert. Ein Geschenk zwischendurch, als Zeichen, dass man an den anderen gedacht hat, ist selbst, wenn es nur eine Kleinigkeit ist, viel mehr wert als der Stapel an Geschenken zu Weihnachten.

Falls Sie doch mal ein Geschenk auf die Schnelle brauchen – wie wäre es mit

→ einem Gutschein für Blumen mit der Begründung, dass es doch schade ist, wenn man am Geburtstag ganz viele Sträuße bekommt, die dann alle gleichzeitig verwelken?

→ einem iTunes- (www.apple.com/de/itunes) oder Amazon-Gutschein, um Hörbücher und Musik im Internet zu kaufen?

→ einer Einladung zum Essen/Picknick/Theater/Ausflug oder Ähnlichem als schön gestaltetes Versprechen?

→ einem Gutschein einer Parfümerie? Dies lässt sich schön verbinden mit dem Vorschlag, dorthin zu gehen und sich umzuschauen. Gemeinsames Schnuppern macht mehr Spaß.

Gutscheine sind allerdings nur schöne Geschenke, wenn sie zeitnah eingelöst werden. Wenn Sie also ein Versprechen schenken, bei dem es etwas zu organisieren gibt (wie zum Beispiel Theaterkarten), dann ergreifen Sie die Initiative, machen Vorschläge und kümmern sich um die Terminvereinbarung.

Zum Hellsehen geboren?

Die meisten Frauen lieben es einfach, anderen einen Gefallen zu tun. Und das am allerliebsten als Überraschung.

Dieses Vorwegnehmen des ausgesprochenen Wunsches ist an sich eine sehr nette Sache. In der Annahme, dass man den oder die anderen sehr gut kennt, erfüllt man ihm oder ihr einen unausgesprochenen Wunsch: Man schmiert ihm ein Brot, damit er auf der langen Fahrt keinen Hunger leidet, oder aber man bringt der Tochter ein paar rosa Socken vom Einkaufen mit, weil sie die Farbe Rosa so sehr liebt.

Leider gehen solche Gefälligkeiten oftmals nach hinten los. Niemand kann sich sicher sein, dass er gerade einen wirklichen Wunsch erfüllt – mag er die Person auch noch so gut kennen. Vielleicht will Ihr Mann Ihr liebevoll geschmiertes Pausenbrot gar nicht, weil er auf der Strecke mit einem Kollegen zum Mittagessen verabredet ist. Und vielleicht steht Ihre Tochter zwar momentan allgemein auf die Farbe Rosa, ist aber der Meinung, dass bei Socken keine andere Farbe als Schwarz akzeptabel ist. Haben Sie mal nachgefragt? Sehr häufig machen wir es uns etwas einfach mit dem Glauben, einen anderen Menschen sehr gut zu kennen. Wir zählen eins und eins zusammen und kommen nicht nur auf zwei, sondern gleich auch noch auf drei und vier. Wir erinnern uns an ein paar Fakten, die wir über diesen Menschen wissen, und reimen uns den Rest zusammen – anstatt nachzufragen! Obwohl dieses Gedankenlesen, das Erfüllen unausgesprochener Wünsche, lieb gemeint ist, ernten wir infolgedessen nicht immer den Dank, den wir uns dafür wünschen. Statt sich begeistert über unser »Geschenk« zu freuen, wird das Brot auf dem Tisch liegen gelassen und uns die rosa Socken um die Ohren gehauen. Wenn wir nicht aufpassen, eskaliert das in einer unangenehmen Krise. Entweder entlädt sich unsere Enttäuschung sofort, oder aber wir fressen den Ärger in uns hinein und lassen ihn später, an einer völlig unpassenden Stelle, heraus und der andere wundert sich, weil er sich (zu Recht) keiner Schuld bewusst ist.

Ist Ihnen schon mal aufgefallen, dass in dem Wort »Enttäuschung« das Wort »Täuschung« steckt? Statt sich zurückzuziehen, wenn Sie von irgendjemand enttäuscht worden sind, sollten Sie sich diesen Zusammenhang mal buchstäblich auf der Zunge zergehen lassen. »Ent-Täuschungen« sind Situationen, in denen sich jemand nicht so verhalten hat, wie Sie es von ihm oder ihr erwartet haben. Na und? Menschen sind keine Marionetten, sie machen nicht immer das, was Sie sich von ihnen wünschen. Das wäre ja auch langweilig. Oftmals steckt in einer Situation, die wir

als enttäuschend empfinden, eine Lernchance. Durch das Verhalten unserer Mitmenschen entdecken wir, dass wir möglicherweise falsche Erwartungen hegten und uns über einen Sachverhalt täuschten. Wir hatten die Situation falsch eingeschätzt und sehen nun klarer. Wir erleben eine Ent-Täuschung. Das ist etwas Gutes! Denken Sie daran, wenn Sie mal wieder traurig sind – vielleicht erleben Sie gerade eine Ent-Täuschung, die Sie ein gutes Stück auf dem Weg zur Erkenntnis weiterbringt.

So schön, wie unverlangte Liebesbeweise sind: Rein statistisch gehen sie viel zu oft nach hinten los, als dass es sich lohnen würde, auf sie zu bauen. Wer sagt denn, dass alles im Geheimen passieren und die große Überraschung sein muss und dass Sie nicht nachfragen dürfen? Liebesdienste sind genauso viel wert, wenn sie auf Wunsch geschenkt werden statt als Überraschung. Also fragen Sie Ihren Mann, ob er ein Brot möchte oder was er am liebsten essen mag. Schmieren Sie ihm das Brot auf Wunsch, und er wird sich darüber freuen und an Sie denken, während er es verspeist. Sie dürfen nur nicht traurig sein, falls er »Nein« antworten sollte. Das kommt vor. Lassen Sie sich erklären, warum er Ihren Vorschlag ablehnt – das bringt Sie vielleicht auf eine andere Idee. Zumindest aber erkennen Sie nach und nach, wie Ihr Partner (oder Kind) wirklich »tickt«.

Erwartungen
machen unglücklich

Die beste Möglichkeit, sich ganz schnell ein bisschen unglücklich zu machen, sind Erwartungen, die Sie an eine Person oder eine Situation stellen. Wenn Sie Ihre Erwartungen nicht sofort und zu 100 Prozent erfüllt bekommen, werden Sie prompt enttäuscht sein. Doch es gibt eine Lösung: Formulieren Sie Ihre Wünsche, aber akzeptieren Sie, dass Ihr Gegenüber das Recht hat, diese hin und wieder nicht zu erfüllen.

Statt schweigend angebliche Selbstverständlichkeiten zu erwarten, teilen Sie dem anderen mit, was Sie von ihm wollen, und warten Sie die Antwort ab. Die andere Person wird Ihnen schon mitteilen, ob und wann sie Ihre Wünsche erfüllen will. Wenn Sie nur warten und sich Ihre Gedanken nur noch um die eine Sache drehen, die Sie unbedingt bekommen wollen (z. B. ein Anruf nach einem Date), besteht die Gefahr, enttäuscht zu werden. Anschließend ärgern Sie sich nicht nur darüber, dass Sie versetzt worden sind, sondern auch darüber, dass Sie kostbare Zeit mit Warten und Hoffen vertan haben.

Um bei dem Beispiel zu bleiben: Damit Sie nicht drei Tage paralysiert vor dem Telefon sitzen und auf seinen Anruf warten, bitten Sie ihn darum, Sie zeitnah anzurufen, um ein nächstes Treffen zu vereinbaren.

Ein Nein ist nur eine Absage. Deswegen nehmen Sie sich dieses Nein besser nicht zu Herzen, sondern akzeptieren Sie es – oder versuchen Sie irgendwann anders, Ihren Wunsch etwas variiert oder neu formuliert an den Mann zu bringen.

5

Lassen Sie ihm seine Höhle

Kennen Sie das? Irgendwann ist jeder Mann verschwunden. Einfach weg vom Fenster. Wir haben ihm gerade eine Frage gestellt oder warten auf seinen Anruf, und was passiert? Nichts!

Das ist die weibliche Sicht auf diese manchmal unerträgliche, oft einfach ärgerliche Situation: Sie wollen etwas von Ihrem Partner, und er liefert nicht das, was Sie wollen – oder zumindest nicht so schnell, wie Sie es erwarten. Damit machen Sie sich Ihren Frust nur selbst, denn wenn Sie die Männer besser verstehen würden, wüssten Sie, dass er gerade gar nichts gegen Sie hat oder unternimmt. Er sitzt bloß in seiner »Höhle« und braucht Zeit für sich.

»Aber was ist die Höhle?«, werden Sie jetzt fragen. »Was macht der Mann, während ich händeringend auf eine Antwort von ihm warte?« Die Höhle ist sein Rückzugsort. Wann immer ein Mann Ruhe braucht oder nicht mehr weiterweiß, zieht er sich zurück. Er würde es niemals zugeben, dass er (ausnahmsweise) gerade keine Antwort hat oder nicht weiß, wie er reagieren soll. Das würde sein Bild von Männlichkeit und seine Eitelkeit ankratzen. Statt zu sagen, dass er einen Moment Zeit braucht, um sich auszuruhen oder über die Situation und eine adäquate Reaktion seinerseits nachzudenken, zieht er sich stillschweigend zurück. Das kann ein minutenlanges Schweigen sein, während er neben Ihnen sitzt, oder aber der tagelange Rückzug, wenn er sich nicht bei Ihnen meldet oder im Keller verschwindet und seinen Hobbys nachgeht.

Männer brauchen ihre Höhle, und Frauen machen einen großen Fehler, wenn sie dieses Konzept und das damit verbundene Rückzugsbedürfnis nicht verstehen. Ziehen und zerren Sie niemals einen Mann aus seiner Höhle heraus! Versuchen Sie es nicht einmal! Das kann nur schiefgehen, und die Situation wird schlimmer, als sie es vorher war.

Fragen Sie ihn auch nicht, was er gerade denkt. Diese Frage hassen Männer. Es könnte nämlich durchaus sein, dass Ihr Liebster gerade an »gar nichts« denkt. Oder aber er denkt einen unfertigen Gedanken. Und Gedanken, die er nicht bis zu einem befriedigenden Ende gedacht hat, wird ein Mann niemals (mit)teilen. Männer lieben Frauen, die ihre Höhle akzeptieren und die verstehen, dass ein »richtiger Mann« einfach einen Rückzugsort ganz für sich braucht. Diese Kenntnis der männlichen Spezies ist ein wichtiger

Schritt zu einer gelungenen Beziehung. Als Frau muss man allerdings erst lernen, dass es tatsächlich keine Ablehnung ist, wenn er sich zurückzieht. Er braucht diese Zeit einfach, um sich seiner Sache klar zu werden oder um sich von den Strapazen des Alltags zu erholen.

Eine kluge Frau akzeptiert seinen Rückzug und lässt ihn in Ruhe. Das wird ihr der Mann, sobald er aus seiner Höhle zurückgekehrt ist, doppelt und dreifach danken. Und glauben Sie mir, das wird geschehen – denn Männer kommen früher oder später immer wieder aus ihrer Höhle heraus. Wenn der Mann freiwillig seine Höhle verlässt, knüpft er meist exakt dort an, wo sie beide zuletzt aufgehört haben, als wäre zwischendurch nichts gewesen. Er ist sich keiner »Schuld« bewusst, denn für ihn als Mann ist es eine Selbstverständlichkeit, dass man sich hin und wieder eine Weile zurückziehen kann. Ihre Vorwürfe, warum er so lange geschwiegen und Sie allein gelassen hat, wird er nicht nur nicht verstehen, sondern sie ärgern ihn nur. Es ging schließlich nicht gegen Sie – er wollte nur etwas Zeit für sich.

Also lassen Sie Ihrem Partner ruhig etwas Zeit in seiner Höhle. Er wird wieder herauskommen. Er wird eine Lösung für das

Problem mitbringen und unheimlich stolz auf diese Lösung sein. Und er wird Sie noch ein kleines Stückchen mehr lieben, weil Sie von seiner Vorliebe für zeitweiligen Rückzug und seiner Höhle wissen und diesen Teil von ihm akzeptieren.

Durch die Blume gesprochen

Frauen lieben Blumen. Männer können das oft nicht verstehen. Für sie ist es ein absolutes Rätsel, wieso Frauen sich über einen Strauß Schnittblumen freuen. »Die sind doch spätestens nach einer Woche verblüht!« Ja, eben!

Für meinen Mann war es wirklich schwierig zu verstehen, dass ich mich wirklich über einen Blumenstrauß von ihm freuen würde. Er fand es nicht effizient, Blumen zu kaufen. So etwas Kurzlebiges! Blumen sind etwas sehr Wertvolles, gerade WEIL sie nur so kurz leben. Zeugt es nicht von immenser Großzügigkeit, etwas zu schenken, das nur wenige Augenblicke wunderschön ist? Ein Diamant ist natürlich auch etwas Feines, aber der Schenker hat erst mal seine Schuldigkeit getan – Blumengeschenke müssen immer wieder erneuert werden. Und ist es nicht köstlich, immer wieder einen Blumenstrauß geschenkt zu bekommen und damit seiner Liebe gewiss zu sein? Blumen sind wertvolle Geschenke für wertvolle Personen. Deswegen sollten Sie, ja genau Sie, auch viel häufiger Blumen geschenkt bekommen. Und wenn das nicht der Fall ist, beschenken Sie sich doch einfach selbst. Sie werden sehen: Die Wirkung tritt genauso ein. Ein Blumenstrauß in der Wohnung erinnert Sie daran, was für ein wertvoller Mensch Sie sind. Das ist perfekt fürs Selbstwertgefühl! Sie freuen sich an dem Strauß und bekommen gratis eine Portion Selbstbewusstsein dazu – da sind fünf, zehn oder zwanzig Euro doch geradezu ein Schnäppchen!

Seien Sie nicht immer so perfekt

Ein hoher Anspruch an sich selbst und das immerwährende Streben nach Perfektion sind gute Möglichkeiten, sich das Leben schwer zu machen. Wenn Sie sich mal wieder so richtig schlecht fühlen wollen, dann hängen Sie die »Latte Ihres Anspruchs an sich selbst« mal wieder ein bisschen höher, und schon können Sie sich schelten, was für ein schlechter Mensch Sie sind.

Ich rate Ihnen zum Gegenteil. Machen Sie sich ein bisschen locker! Alle Frauen in meinem Freundeskreis, die unter einem immensen Perfektionsanspruch leiden, wären genauso schön, erfolgreich und beliebt, wenn sie nur achtzig Prozent geben würden, statt sich immer wieder zur Hundertprozentmarke zu peitschen.

Ich staune immer wieder über den übertriebenen Anspruch an sich selbst.

Ich finde Perfektion nicht nur anstrengend, sondern auch nicht besonders spannend. Barbiepuppen sind hübsch, aber häufig austauschbar. So richtig interessant wird ein Mensch doch erst durch seine Ecken und Kanten! Eine Diva kann durchaus ihre Schwächen akzeptieren oder sogar mit ihnen kokettieren. Natürlich sollte man eine gewisse Sorgfalt und Ehrgeiz an den Tag legen, um seine Ziele zu erreichen. Aber ein Tag hat nur 24 Stunden, und meist ist es unmöglich, alles zu schaffen. Dann hilft es nur, Prioritäten zu setzen und auf manche Dinge zu verzichten. Die Welt wird nicht untergehen, wenn Sie Ihre Fenster seltener putzen!

Ganz besonders irritiert mich Perfektion, wenn ich eine zu aufgeräumte Wohnung betrete. Nichts gegen Ordnung und Sauberkeit, aber wo Menschen leben, liegt nun mal etwas herum und manchmal sind Flecken auf dem Spiegel. Mir ist es richtiggehend unheimlich, wenn man einer Wohnung nicht ansieht, dass darin jemand lebt.

Wie gehen Sie mit Besuch um? Hassen Sie spontane Besucher? Ist es Ihnen peinlich, dass Ihre Freunde und Verwandten sehen, wie Sie normalerweise leben? Natürlich lässt man keine dreckige Unterwäsche herumliegen, wenn man Besuch eingeladen hat oder es spontan klingelt. Aber auf gemütliche Treffen mit lieben Freunden zu verzichten, weil es zu anstrengend ist, vorher einen Hausputz zu organisieren, finde ich sehr schade.

Ihre Freunde mögen Sie für Ihre Ecken und Kanten. Das gilt auch für Ihre Wohnung. Herumliegende Bücher oder Zeitschriften können ein guter Gesprächseinstieg sein, und niemand wird Ihnen die Freundschaft kündigen, weil Ihr Wäscheständer im Flur steht.

Seien Sie anspruchsvoll und erledigen Sie Ihre Aufgaben mit Hingabe, aber gestehen Sie sich auch zu, dass Sie nicht alles schaffen können. Überprüfen Sie unbedingt, ob Sie denn überhaupt wirklich alles schaffen WOLLEN! Wenn Sie selbst entscheiden, was Ihnen wichtig ist, können Sie einige Stressfaktoren eliminieren. Machen Sie sich ein bisschen locker und genießen Sie das Leben!

Ines Hilpert-Kruck (42) ist erfolgreiche Medien-Anwältin mit eigener Kanzlei in Hamburg und hat zwei Töchter im Alter von 10 und 15 Jahren.

Würden Sie sich eher als »Anwältin mit Kindern« oder als »berufstätige Mutter« sehen?

Das kommt ganz darauf an, in welcher Situation ich bin. Im Arbeitsumfeld würde ich mich natürlich als »Anwältin mit Kindern« vorstellen.

Und wie sieht Ihr Alltag aus? Wie ist der Arbeitsaufwand im Verhältnis zwischen Beruf und Familie?

Normalerweise verteilt es sich auf Hälfte Familie, Hälfte Beruf. Allerdings wechselt das sehr oft. Manchmal gibt es dringende Arbeit, da muss das Private dann warten. Der Beruf hat meist Vorrang, es sei denn, es gibt außerordentliche Notfälle, wie zum Beispiel ein krankes Kind. Das kann ich dann aber organisieren.

In welcher Lebensphase befanden Sie sich, als Sie Ihre Kinder bekamen?

Beim ersten Kind war ich im Referendariat und habe ein Jahr Pause gemacht. Es war möglich, nach der Pause genau dort wieder einzusteigen, wo ich aufgehört hatte. Ein Vorteil des Referendariats sind flexible Arbeitszeiten und dass man Arbeit mit nach Hause nehmen kann. Das zweite Kind war sehr überlegt. Es hat ein paar Jahre gebraucht, bis wir uns getraut haben und unsere finanzielle Situation etwas geordneter war.

Würden Sie sagen, dass die Zeit, in der sich eine Frau in der Ausbildung oder im Studium befindet, ein guter Zeitpunkt ist, um ein Kind zu bekommen?

Rückblickend war es schon schwer, denn die Vorbereitung auf die Prüfungen erforderte viel Arbeit. Aber es war Arbeit, die man organisieren konnte, das war ein immenser Vorteil. Meist habe ich gelernt, wenn das Kind schlief. Ich finde, die Ausbildungszeit war tatsächlich eine gute Zeit, um ein Kind zu bekommen. Mit Disziplin bekommt man das hin.

Also war es keine strategische Entscheidung, wie Sie Beruf und Kinder koordinieren wollten?

Nein, wirklich nicht. Ich wusste ja gar nicht, welche Schwierigkeiten auf mich zukommen könnten. Aber es ließ sich alles recht gut organisieren. Wenn man so jung ein Kind bekommt, ist man auch gedanklich sehr flexibel, weil man nicht so große Ansprüche hat.

Wie war es nach dem Referendariat, als Sie ins Arbeitsleben einstiegen?
Im Arbeitsleben ist es schwerer mit Kind. Ich hatte immer das Handicap, sagen zu müssen: »Ich habe ein Kind«, als ich ins Berufsleben startete. Das ist ein Karrierehindernis. Es stellt sich ja auch die Frage, ob man überhaupt ein Unternehmen findet, das einer Mutter einen Job gibt.
Ich habe letztlich immer freiberuflich gearbeitet, weil ich in Teilzeit arbeiten wollte. Ich habe lange Zeit weniger verdient und mit meiner Karriere nicht das erreicht, was vergleichbare Kolleginnen erreicht haben.

Wie kann man sich als berufstätige Mutter am besten organisieren?
Wenn man kleine Kinder hat, dann ist es gut, in der Nähe der Familie zu arbeiten, um familiären Rückhalt zu haben. Überdies kann ich nur Mut machen, das Kind früh zu einer Tagesmutter zu geben. Ich fand, das war eine sehr sympathische und persönliche Betreuung. Irgendwann kommt dann der Zeitpunkt, wo die Tagesmutter nicht mehr ausreicht. Daher ist es wichtig, sich frühzeitig um einen Kindergartenplatz zu kümmern.
Wenn man Kinder hat, muss man außerdem immer darauf gefasst sein, dass sie krank werden. Für den Fall steht am besten ein perfekter Notfallplan, z. B. mit Unterstützung durch die Tagesmutter und die Großeltern. Und ganz wichtig: Sowohl ich als auch die anderen müssen damit leben, dass nicht alles perfekt ist.

Wie wäre es für Sie gewesen, wenn Sie erst später Kinder bekommen hätten?
Sicherlich hätte es Vorteile, wenn man erst berufliche Erfahrungen sammelt, denn dann hat man schon mal bewiesen, was man kann. Doch jetzt bekomme ich immer mehr mit, wie Kollegen um ungeborene Kinder und nicht gelebte Partnerschaften trauern. Ich kann schon sehr stolz auf die Sachen, die ich geschafft habe, zurückschauen. Ich werde meine Töchter ermutigen, früh Kinder zu bekommen, weil man später die Naivität nicht mehr hat. Wenn man über alles nachdenkt, wird alles sehr kompliziert.

Immer wieder sonntags

Früher aßen die Menschen unter der Woche hauptsächlich Gemüse, nur sonntags gab es Fleisch. Gar keine schlechte Idee, wie ich letztens feststellte. Wir leben im Land der fast unbegrenzten Möglichkeiten. Wir können jeden Tag Fleisch essen, Urlaub und Kino gehören zum Leben dazu, und »etwas Süßes zwischendurch« sowieso. Diejenigen, die sich diese schönen Dinge des Lebens nicht im Delikatessenladen leisten können, gönnen sich dasselbe ein paar Preisklassen darunter vom Discounter oder finanzieren sich die Erfüllung ihrer größeren Wünsche mit Krediten. Wissen wir unser Leben im Schlaraffenland eigentlich noch zu schätzen? So selbstverständlich, wie heutzutage der kleinere oder größere Luxus geworden ist, so sehr ist die Wertschätzung für diese Besonderheiten verloren gegangen. Genießen Sie ein Stück Schokolade mit geschlossenen Augen und lutschen minutenlang, um ein Maximum an Genuss zu erreichen? Oder verputzen Sie eine ganze Tafel, weil Sie einfach nicht aufhören können? Wie behandeln Sie Ihre teuren Anschaffungen? Wie geht es Ihrem Auto? Wie sehen die Schuhe inzwischen aus, die Sie letzten Sommer unbedingt haben mussten?
Ich habe festgestellt, dass viele Menschen sich gar nicht mehr richtig freuen. Erst sehnen sie etwas herbei und können kaum darauf warten, es endlich ihr Eigen zu nennen. Wenn sie es schließlich haben, währt die Freude einen Tag – dann landet das neue Kleid oder der neue Fotoapparat ungenutzt in der Ecke. Wir sind so verwöhnt, dass wir es gar nicht mehr als kleines Wunder empfinden, wenn wir etwas Neues oder etwas Wertvolles bekommen. Besonders deutlich wird mir das, wenn ich an unseren Umgang mit Nahrungsmitteln denke. Beliebig stopfen wir Dinge in uns hinein, weil wir gerade Appetit haben, weil sie gerade da sind, weil es schnell geht, weil es bequeme Bedürfnisbefriedigung ist oder einfach, weil es zu unserem Alltag dazugehört, uns nach dem Mittagessen noch eine Kleinigkeit zu gönnen. Gegen Genießen habe ich nichts einzuwenden. Ich lebe nach dem Lustprinzip. Nur beliebig darf es eben nicht werden. Und meist genießen wir das Essen doch nicht mehr! Natürlich sollen Sie sich für besondere Leistungen belohnen und Erfolge feiern. Es spricht auch nichts dagegen, sich täglich einen kleinen Höhepunkt zu bescheren und genussvoll eine Praline (oder das, was Sie wirklich gerne mögen) zu verspeisen. Aber in Maßen! Konzentrieren Sie sich auf den Geschmack, genießen Sie lustvoll und ausgiebig – dann brauchen Sie gar keinen

Kasten voller Pralinen, sondern erleben beglückt die eine. Haben Sie Probleme, nach einer Praline aufzuhören, und müssen Sie zwanghaft eine Tüte Gummibärchen auf einmal leeren? Dann kaufen Sie Einzelpackungen. Diese sind zwar nicht optimal für die Umwelt, aber wesentlich vorteilhafter für Ihre Hüften!

Wahrscheinlich werden Sie durch den folgenden Rat nicht 10 Kilo abnehmen, aber er kann vermeiden, dass Sie zunehmen, und langfristig kann er Ihnen zu einem besseren Leben verhelfen: Essen Sie nicht mehr im Gehen! Wenn Sie Nahrung aufnehmen, sei es, weil Sie Hunger haben, oder aber, weil Sie sich etwas gönnen wollen, essen Sie in Ruhe. Gönnen Sie sich ein paar Minuten Pause, essen Sie langsam und genießen Sie die Speise. Achten Sie mal darauf: Sie werden nur sehr selten schlanke Menschen im Gehen essen sehen. Machen Sie es auch so, denn Ihr Körper bekommt weder das gute Gefühl der Sättigung noch den Genuss, wenn Sie sich nur einfach so zwischendurch etwas in den Mund schieben. Diese Extrakalorien können Sie wirklich sparen.

Wann haben Sie zum letzten Mal richtig langsam gegessen und 30-mal gekaut, weil alles so lecker war und Sie es bis zum letzten Bissen genießen wollten? Wahrscheinlich passiert Ihnen das nicht allzu oft. Wie schade! Als ich vor einiger Zeit darüber nachdachte, stellte ich fest, wie arm mein Leben mit so einer Nahrungsaufnahme ist. Irgendwann beschloss ich, auf Fertigprodukte zu verzichten und möglichst frische Produkte – am liebsten Bio – zu kaufen. Leider verschlang das einen weitaus größeren Teil meines Einkommens, als ich bisher für Lebensmittel vorgesehen hatte. Fast wäre ich in alte Gewohnheiten zurückgefallen und hätte mich wieder mit den Lebensmitteln aus dem Supermarkt begnügt. Bis ich mich daran erinnerte, wie es früher war.

Früher gab es nur sonntags Fleisch! Aber sonntags kam dann auch ein ordentliches Stück Braten auf den Tisch. Der Gedanke faszinierte mich. Natürlich konnte ich mir die qualitativ hochwertigeren Nahrungsmittel leisten, wenn ich nicht wahllos alles und an jedem Tag in mich hineinstopfte. Mit einem Mal hatte ich Lust, aus guten Sachen fantasievolle Gerichte zu zaubern, und lernte das Kochen und Genießen wieder. Unverhofft passierte noch etwas Faszinierendes. Ich merkte, dass bei guten Zutaten auch einfache Gerichte ganz himmlisch schmecken können. Haben Sie schon mal Bio-Kartoffeln mit Quark und frischen Kräutern probiert?

Es begann mit dem Essen und veränderte mein Leben. Plötzlich hatte ich keine Lust mehr auf Wegwerf-Kleidung und billige Möbel, die nur eine Saison gut aussehen

5

und anschließend meine Wohnung verstopfen. Ich verstand, dass »weniger mehr ist«, wenn man bewusst auswählt und genießt. Ich brauche nicht mehr alles, und

das an jedem Tag – aber an meinen selbst gewählten »Sonntagen« im Leben erfreue ich mich an den guten Dingen gleich doppelt und dreifach.

Alle brauchen Rituale

Manchmal vergeht das Jahr wie im Flug. Oder wir stellen mit einem Mal fest, dass wir und die Menschen, die wir eigentlich sehr mögen, nur noch nebeneinanderher leben. Alles ist gleich, alles ist »Alltag«, nichts hat eine tiefere Bedeutung. Das Erwachsenenleben kann verdammt langweilig sein. Wenn dieses Gefühl aufkommt, ist es schleunigst Zeit, etwas zu ändern! Die beste Möglichkeit dafür ist, Rituale einzuführen und diese bewusst zu leben. Rituale sind wiederkehrende Handlungen, die dem Leben Sinn und Stabilität geben. Typische Rituale sind zum Beispiel Weihnachts- oder Geburtstagsfeiern, das Anstoßen auf einen gelungenen Vertragsabschluss oder das abendliche Vorlesen für Ihre Kinder.

Regelmäßig wiederkehrende Ereignisse gliedern den Tag, die Woche und das Jahr. Sie ermöglichen uns, uns auf etwas zu freuen (allerdings nur, falls wir uns nicht unnötig viel Stress deswegen bereiten!) und diese Momente als etwas Besonderes zu erleben. Richtig sinnhaft werden

sie erst, wenn wir uns verdeutlichen, was diese Rituale uns bedeuten.

Rituale können für die beteiligten Personen kleine persönliche Momente sein, die für den Rest der Welt keine Bedeutung haben. Hauptsache, sie verschönern das Leben. Mein Mann und ich frühstücken zum Beispiel jeden Morgen zusammen. Eigentlich müsste ich nicht so früh aufstehen, aber ich mache es trotzdem, weil ich gerne Zeit mit ihm verbringe. Diese morgendliche gemeinsame Zeit ist »Qualitätszeit«. Wir erledigen nicht irgendetwas, wir hetzen nicht gemeinsam von A nach B, sondern wir nehmen uns die Zeit, um in Ruhe zu frühstücken und miteinander zu reden. Abends sind wir oft zu müde, um eine richtige Unterhaltung zu führen, und das Wochenende ist wie bei allen Menschen immer wieder zu kurz. Deswegen stehe ich früher auf. Es ist ganz wunderbar, auf diese Weise gemeinsam den Tag zu beginnen. Das gibt Kraft für den Alltag. Ein anderes Paar aus unserem Freundeskreis macht es ganz ähnlich. Bevor die

Kinder aufwachen, trinken die Eltern gemeinsam einen Kaffee gemütlich im Bett. Das stärkt das Beziehungsleben – denn auch Paare mit Kindern wollen nicht immer nur Eltern sein. Anschließend frühstückt die Familie gemeinsam und erlebt so einen guten Start in den Tag.

Wenn Paare in Liebe verbunden bleiben wollen, sollten sie ihre ganz persönlichen Rituale pflegen. Andernfalls verebbt die Zuneigung allmählich, und es bleibt eine reine Zweckgemeinschaft, die zwar irgendwie funktioniert, aber außergewöhnlichen Belastungen nicht mehr standhalten kann. Welche Rituale das sind, wird jedes Paar für sich herausfinden müssen. Ein paar Ideen:

→ Begleiten Sie Familienmitglieder genauso wie Gäste zur Tür, wenn sie das Haus verlassen.

→ Nehmen Sie sich Zeit für ein gemeinsames Getränk oder eine gemeinsame Mahlzeit für den Übergang zwischen Arbeit und Feierabend.

→ Küssen Sie sich vor dem Einschlafen und wünschen Sie sich eine gute Nacht.

→ Erfinden Sie Versöhnungsrituale.

→ Lesen Sie Ihren Kindern etwas vor dem Einschlafen vor.

→ Machen Sie Putzrituale (Wochenend- oder Frühjahrsputz).

→ Gönnen Sie sich ein Schaumbad nach einem anstrengenden Tag.

Kinder lieben und brauchen Rituale. Sie brauchen ein Ritual, um sich sicher und behütet zu fühlen, um einschlafen zu können. Für Kinder fällt es uns oft leicht, Rituale einzuführen und beizubehalten. Dabei vergessen wir leicht, dass jeder Mensch Rituale braucht und liebt, um sich im Leben etwas mehr »zuhause zu fühlen«. Rituale sind »gute Gewohnheiten«, die uns helfen, bewusst zu leben und mit Stress umzugehen. Sie geben der Seele Halt und Kraft und stärken unser Selbstvertrauen. Entdecken Sie die Zauberkraft von Ritualen!

Ihr privates Netzwerk

→ Alltagsprofis wissen es: Freundinnen und Freunde sind ein großer Schatz, den es zu hüten gilt – also behandeln Sie sie gut! Hegen und pflegen Sie Ihre Freundschaften und genießen Sie jede Unterstützung, die Sie bekommen. Bringen Sie eine große Portion Herzlichkeit und Großzügigkeit in Ihr privates Netzwerk, und es wird zu Ihrem ganz persönlichen »Nutzwerk«.

Gar nicht so kinderleicht! – Spielerisch Kontakt halten

Früher war alles ganz einfach. Meine Freundinnen und ich trafen uns auf einen After-Work-Drink oder plauschten bei einem gemeinsamen Abendessen. Wir hatten ähnliche Arbeitszeiten und ähnliche Probleme. Wir berieten uns über Job und Männer. Dann bekamen einige Freundinnen Kinder – und alles wurde anders. Plötzlich bereitete es uns Mühe, gemeinsame Gesprächsthemen zu finden. Während wir früher ein sehr ähnliches Leben führten und dieses ausgiebig bei Kaffee und Kaltgetränken besprachen, hatten wir plötzlich nicht nur unterschiedliche Interessen, sondern auch Schwierigkeiten, uns überhaupt zu verabreden.

Wie traurig, dass der Kontakt zu meinen Freundinnen immer im Sande verlief, sobald sie Kinder bekamen. Wenn sich Mutter und Kind nach ein paar Wochen aneinander gewöhnt hatten, versuchten wir üblicherweise an die alten Rituale anzuknüpfen und uns auf einen Kaffee zu treffen. Für uns berufstätige Frauen war das angenehm und praktisch, und die jungen Mütter freuten sich, mal wieder die Wohnung verlassen zu können. Doch es war nicht mehr dasselbe. Plötzlich störte Rauch und Lärm, aber solange die Babys friedlich schliefen, fanden wir auch dafür eine Lösung. Problematisch wurde es erst, als die Kleinen größer wurden. Statt friedlich zu träumen, während Mama mit der Freundin klönt, verlangten die Kinder mehr und mehr nach Aufmerksamkeit und Beschäftigung. Als Nicht-Mutter fand

6

ich es wirklich lästig. Und traurig wurde ich auch, denn ein Treffen, bei dem ich es nicht schaffte, drei zusammenhängende Sätze mit meiner lieben Freundin zu wechseln, verursachte mehr Frust als Wiedersehensfreude. Man versuchte ein paar Treffen, die auch unbefriedigend verliefen, der Kontakt riss schließlich ab, weil die ehemalige Busenfreundin mit den Müttern aus der Krabbelgruppe jetzt mehr gemeinsam hatte und die Freundin aus dem alten Leben nun nicht mehr brauchte. Aber eine liebe Freundin entsorgt man doch nicht, nur weil auf einmal ein Kind ihr Leben umkrempelt! Zunächst war ich irritiert, als mir meine Freundinnen Treffen auf Spielplätzen und in Kindercafés vorschlugen. Aber das ist die Lösung! Statt an alte Rituale mit der Freundin anknüpfen zu wollen und zwangsläufig daran zu scheitern, wenn das Kind dabei ist, mussten wir einfach umdenken. Sobald wir eine kindgerechte Umgebung betraten, waren auf einmal wieder Unterhaltungen

möglich, denn das Kind beschäftigte sich selbst oder spielte mit anderen Kindern. Endlich konnten wir mal wieder in Ruhe plaudern, während wir nur mit einem Auge das Kind beaufsichtigten. Seitdem liebe ich Spielplätze – wenn es doch nur mehr Spielplätze geben würde, auf denen ein guter Cappuccino serviert wird!

Es regnet und Sie haben keine Lust, sich auf einem Spielplatz zu treffen? Dann verabreden Sie sich doch mit Freundinnen in einem Möbelhaus. Dort gibt es Parkplätze, so weit das Auge reicht, etwas zu essen, Kaffee bis zum Abwinken, und die Kinder können Sie getrost »bei den bunten Bällen« abgeben.

Es gibt genügend Orte, wo sowohl Erwachsene als auch Kinder Spaß haben können. Selbst sehr unterschiedliche Bedürfnisse lassen sich unter einen Hut bringen, wenn man Neues ausprobiert, statt krampfhaft die alten Zeiten heraufbeschwören zu wollen.

SMS – Suche Meinen Sinn

Ich finde SMS sind die Pest. Sie machen das Leben alles andere als einfacher. Nicht nur, dass sie umständlich zu tippen sind und man sich jedes Mal wieder erstaunt fragt, wieso sich so eine Technologie eigentlich durchsetzen konnte. Sie sind auch

prädestiniert dafür, Missverständnisse zu schaffen. SMS erzeugen oft Probleme, wo man vorher keine hatte. Keine Ahnung, wie es Ihnen ergeht, aber mir fällt es schwer, alle relevanten Punkte, die ich sagen möchte, in 160 Zeichen unterzubringen. SMS zwingen dazu, sich kurz zu fassen – aber ob das stets von Vorteil ist? Die meisten Menschen begründen ihre Vorliebe für SMS damit, dass sie »nicht stören« wollen. Aber ganz ehrlich: Mich neugierigen Menschen unterbricht eine Kurzmitteilung, die mit Piepsen auf meinem Handy eintrifft, genauso wie ein Telefonanruf. Allerdings stören sie mich häufig nachhaltiger als ein Anruf: In den meisten Fällen bin ich verpflichtet zu antworten, dabei habe ich überhaupt keine Lust, mir die Finger wund zu tippen. Oft genug darf ich mich vor einer Antwort erst mal Spekulationen widmen, was mir der Nachrichtenschreiber wohl überhaupt sagen wollte, das aber nicht so richtig in 160 Zeichen passte und ihn oder sie zu allerlei kreativen Abkürzungen veranlasst hat. Kommunikation per schriftlicher Kurznachricht ist extrem fehleranfällig, weil ein kurzer Text oft verstümmelt ist und unendlich viel Raum für Spekulationen lässt. Meist gehen mehrere SMS hin und her, bis alles geklärt ist. Das hätte man auch in ein paar Minuten am Telefon besprechen können. Und wie viel einfacher ist es, einen Treffpunkt in einem kurzen Gespräch auszumachen! Prüfen Sie auch mal Ihren Telefontarif: Sie werden staunen, wie teuer SMS sind. Vieles lässt sich präziser, freundlicher und auch kostengünstiger in einem Telefonat klären. Ich möchte die These wagen, dass Klasse-

frauen und SMS irgendwie nicht zusammenpassen. Klassefrauen reden Klartext (→ Seite 71) und bezircen mit einem Lächeln – sie starren nicht wie gebannt auf ein Mini-Display und tippen sich umständlich die Finger wund.

Klassefrauen haben dann auch nicht das folgende Problem: Immer wieder kommen Frauen zu mir in die Beratung, die sich fragen, ob ein Mann etwas von ihnen will, und wenn ja, was denn bloß! Fast immer sind SMS zumindest mit schuld an dieser Verunsicherung. Man trifft sich, findet sich nett, tauscht Telefonnummern aus. In den nächsten Tagen passiert nichts Konkretes außer ein paar SMS, die eigentlich nichts weiter aussagen, als dass man aneinander denkt. Das finde ich, genau wie meine Klientinnen, hochgradig verwirrend.

Ich vermute, die meisten SMS werden geschrieben, weil die Absender sich vor Klarheit oder einer Konfrontation drücken wollen. Oft fällt es leichter, ein paar kurzgefasste Worte zu tippen, statt sich der direkten Kommunikation eines Anrufes zu stellen. Anscheinend ist die Angst vor einer abschlägigen Antwort (bei der Frage nach einem Date) oder eines Vorwurfes (wenn man mal wieder unpünktlich ist) zu groß, um miteinander zu sprechen, also wählt man den vermeintlich einfachen Weg. Durch Mobiltelefone und SMS kommt scheinbar auch Unpünktlichkeit in Mode.

6

Plötzlich ist es völlig in Ordnung, dass jeder zu Verabredungen, ganz wie es ihm beliebt, zu spät kommt. Man hat ja eine SMS geschickt … Dass der andere, der vielleicht pünktlich vor Ort war, trotz der SMS mit der obligatorischen Entschuldigung warten muss und dass das ein respektloses Verhalten gegenüber der pünktlichen Person ist, wird geflissentlich übersehen (→ »Seien Sie pünktlich«, Seite 21). Warum kann man sich nicht einfach an Absprachen halten und nett miteinander reden, anstatt wertvolle Zeit mit umständlichen Tippereien zu vergeuden?

Vergeben Sie Ihren Mitmenschen

Gewiss, wenn Ihnen jemand ein Unrecht getan hat, haben Sie allen Grund, verärgert, enttäuscht oder traurig zu sein. Trotzdem rate ich Ihnen zu etwas mehr Gleichmut und Großzügigkeit.

Die negativen Gefühle, die entstehen, wenn Ihnen jemand Leid zugefügt hat, sind absolut nachvollziehbar. Wenn Sie sich keiner Schuld bewusst sind und überraschend einen Schlag einstecken müssen, ist es verständlich, dass Ärger, Wut oder Tränen in Ihnen aufsteigen. Doch was bringen Ihnen diese Gefühle? Selbstmitleid führt Sie nicht aus dem Tal der Tränen und auch Rache ist kein gutes Konzept.

Leider geht es Ihnen, wenn Sie Ihre negativen Gefühle hinunterschlucken, auch nicht besser. Viele Menschen tragen schlechte Gefühle und Erinnerungen an Situationen, in denen man ihnen etwas angetan hat, ein Leben lang mit sich herum. Der Berg an negativen Emotionen wird immer größer. Und er belastet. Das sieht bei jedem Menschen anders aus, aber irgendwann sieht man an den zusätzlichen Pfunden, dem verlorenen Ausdruck in den Augen oder am schleppenden Gang, dass etwas von innen an Ihnen nagt. Der andere hat unsere Auseinandersetzung vielleicht schon längst vergessen, oder es war ihm nicht mal bewusst, dass er uns so sehr verletzte, aber wir leiden noch lange an den daraus entstandenen Wunden.

Es gibt nur eine Möglichkeit, diese Last abzuschütteln: Vergebung. Wenn Sie anderen Menschen vergeben, was sie Ihnen »angetan« haben, nehmen Sie endlich diese Last von Ihren Schultern.

Vergeben Sie Ihren Eltern die Dinge, die sie Ihnen in Ihrer Kindheit angetan haben (und in den meisten Fällen wahrscheinlich sogar nach bestem Wissen und Gewissen und aus Liebe), und sehen Sie es der Kollegin nach, dass sie schon wieder Ihre Lieblingstasse benutzt hat. Es mag schwerfallen, die Sache einfach zu vergessen und zu vergeben. Aber wenn Sie es ausprobieren, werden Sie feststellen, wie viel leichter Sie sich auf einmal fühlen, denn Sie lassen den Ballast sprichwörtlich los.

Vergeben heißt nicht, dass Sie plötzlich gutheißen müssen, was der Andere getan hat. Sie müssen nicht zurückstecken und eine Meinung annehmen, die nicht die Ihre ist. Doch auch wenn Sie Differenzen mit einem anderen Menschen haben, steht es in Ihrer Macht, sich darüber zu ärgern oder es einfach auf sich beruhen zu lassen. Sie können vergeben, ohne zu akzeptieren. Der Vorteil ist, dass Sie sich nicht länger mit Ihrem Unmut darüber belasten. Vergebung geht ganz einfach: Sie brauchen nichts dafür tun, als die BEWUSSTE ENTSCHEIDUNG zu treffen, dass Sie einem anderen etwas nicht mehr übel nehmen. Sie brauchen es nicht auszusprechen. Sie können auch handeln. Sie können Ihrer Kollegin eine schicke Kaffeetasse schenken, damit sie nicht mehr in die Verlegenheit kommt, Ihre zu benutzen. Sie könnten das Gespräch mit Ihren Eltern suchen, um von ihnen zu erfahren, wieso sie sich so und nicht anders verhalten haben. Sie können aber auch ohne etwas zu sagen oder zu tun verzeihen, und es wird sich genauso etwas ändern. Weil Sie fortan keine schlechte Laune mehr bekommen, wenn Sie an die verletzende oder ärgerliche Situation denken und plötzlich wieder viel freundlicher sind.

Erwarten Sie nicht, dass Vergeben sofort funktioniert. Rückfälle sind vorprogrammiert. Sie sind schließlich keine Heilige. Erwarten Sie nicht zu viel von sich – aber auch nicht zu wenig, denn verzeihen und vergeben ist möglich.

INTERVIEW

Nina Deißler (der »Datedoktor«) bietet Coaching, Beratung und Trainings rund um die Themen Flirten, (Selbst-)Liebe, Partnersuche und Partnerschaft (www.kontaktvoll.de).

Ihre Seminare heißen »Flirten macht glücklich«. Warum?

Bei einem guten Flirt geht es nicht darum, jemanden »anzumachen«, sondern eher darum, ihn, sagen wir mal, »positiv auf sich aufmerksam zu machen«. Flirten ist in diesem Zusammenhang eine gute Möglichkeit, das eigene Selbstwertgefühl zu steigern durch die Reaktionen, die man erhält (beispielsweise ein Lächeln, das erwidert wird). Aber auch um das Selbstwertgefühl von anderen zu steigern, indem man sie anflirtet. Und das beides zusammen macht glücklich!

Was ist eigentlich Ihre Definition von Flirt?

Ein Flirt ist ein Spiel, bei dem es (zunächst) um nichts anderes gehen sollte, als um den Flirt selbst. Das unterscheidet den Flirt auch von der Anmache – diese hat das Ziel, erfolgreich zu sein, eben bei jemandem zu landen. Ein Flirt ist ein Spiel für zwei, das man nach und nach aufbauen und an jedweder Stelle beenden kann. Es beginnt mit einem Blick, kann mit einem Lächeln zu einer Ansprache und von einem Gespräch sogar bis zu einem Kuss und mehr führen – muss aber nicht! Selbst ein erwidertes Lächeln ist bereits ein erfolgreicher Flirt.

Das klingt wirklich gut, aber was mache ich, wenn ich viel zu schüchtern zum Flirten bin und mich nicht traue?

Schüchternheit kann viele Ursachen haben – ich empfehle, sich nicht zu überfordern, denn je mehr Druck man sich macht, desto unüberwindbarer erscheint die Hürde.

Beginnen Sie damit, täglich fünf Menschen grundlos anzulächeln. Lächeln tut nicht weh und die meisten Menschen werden zurücklächeln. Sollte mal einer nicht zurücklächeln, ist das nicht so schlimm.

Steigern Sie sich innerhalb von zehn Tagen auf fünfzehn Menschen täglich. Sie werden spüren, dass es Ihnen mit jedem Mal leichter fällt und Sie auch ein unerwidertes Lächeln nicht mehr schwer nehmen – freuen Sie sich einfach auf das nächste.

Wenn das gut klappt, stellen Sie sich

folgende Frage: Was könnte ein recht sympathischer Unbekannter tun, damit Sie nach einer Begegnung denken: »Oh, das war ja nett!«, oder: »Wow – vielen Dank!«, oder: »Hey, der wirkte ja wirklich sympathisch!«

Wodurch sind Ihnen in der Vergangenheit andere Menschen positiv aufgefallen? Probieren Sie deren Verhaltensweisen aus. Werden Sie zu der »Unbekannten«, die Sie gerne treffen würden.

Frauen haben oft Probleme mit ihrem Aussehen und trauen sich deshalb vielleicht nicht zu flirten; nach dem Motto »Die Hübschen werden angeflirtet, mit mir hässlichem Entlein will niemand flirten.« Was raten Sie diesen Frauen?

Zunächst mal, was ist hübsch oder hässlich? Ich weiß aus Erfahrung, dass gerade die Supermodels und Schauspielerinnen sehr unzufrieden mit sich und ihrem Äußeren sind – obwohl gerade sie doch offenbar das Schönheitsideal verkörpern sollen, oder?

Auch unsere Zielgruppe, die Männer, hat unterschiedliche Geschmäcker und findet sich selbst ja auch nicht perfekt – also, was soll's?

Machen Sie sich doch mal Folgendes klar: Es leben über sechs Milliarden Menschen auf der Erde – und obwohl alle die Körperteile an etwa derselben Stelle haben (Nase mittig im Gesicht, Mund darunter usw.), sind wir alle unterschiedlich. Sechs Milliarden verschiedene »Modelle« bei so vielen Einschränkungen in der Diversifikation. Deshalb muss jeder von uns ganz genau so sein, wie er ist, um perfekt und einzigartig zu sein. Kein einziger Mensch hat nur Anlagen mitbekommen, die von der Gesellschaft als Vorzüge gewertet werden – jeder von uns hat ein »Gesamtpaket«, und das Leben lädt uns ein, die Chance, die wir haben (ca. 30 000 Tage diesen Planeten erleben und entdecken zu dürfen), zu nutzen und aus diesem »Gesamtpaket« das Beste zu machen. Machen Sie einfach das Beste aus sich!

Betonen Sie das, was Sie lieben, und verzeihen Sie sich das, was Sie nicht so sehr lieben. Es gibt jemanden, der auch das liebt oder für den die »Vorteile des Gesamtpaketes« so reizvoll erscheinen, dass er die »Nachteile« gern in Kauf nimmt!

Braucht es aus Ihrer Sicht besonders origineller Sprüche, um eine gute Flirterin zu sein?

6

Nun, etwas Schlagfertigkeit kann nicht schaden, aber »Sprüche« à la »Endlich! Der passende Mann zu meiner Bettwäsche!« sehen meist nur auf dem Papier überzeugend aus. Es ist vielmehr die Einstellung und das Selbstvertrauen, das Sie zu einer guten Flirterin macht. Rechnen Sie doch einmal nach, wie viele Männer für Sie infrage kommen: Von ca. 40 Millionen Männern in ganz Deutschland sind vermutlich noch 5 Millionen in Ihrer Alterszielgruppe, davon können wir mit gutem Gewissen 3 Millionen streichen, weil sie z. B. nicht Ihrem »Niveau« entsprechen. Von den noch übrigen 2 Millionen befinden sich allerdings vermutlich 1,5 Millionen gerade in einer Beziehung – da bleiben immerhin noch 500 000 Männer übrig, die für Sie infrage kommen... Also legen Sie los!

Ganz konkret: Wie macht man aus einem Blickkontakt einen Flirt? Wenn ich einem interessanten Mann auf der Straße oder im Supermarkt begegne, was mache ich dann? Wie verhalte ich mich in so einer Situation am besten?
Ein Flirt ist im Grunde ein Spiel – aber mit einem uralten und sehr eindeutigen Hintergrund: Wenn ein Mann mit Ihnen flirtet, ist das gleichzeitig auch so eine Art »Balzritual«. Männer lassen sich kaum eine Chance entgehen, ihre Möglichkeiten auf Sex auszuloten. Das ist einfach so! Verzeihen Sie den Männern dieses Verhalten bitte – es ist ihnen nämlich selbst auch nicht bewusst. Doch mit diesem Wissen halten Sie die Fäden immer fest in der Hand: Fassen Sie sich ein Herz. Seien Sie jetzt, heute, einfach mal mutig und erwidern Sie den Blickkontakt – und das bitte möglichst länger als die übliche halbe Sekunde! Er lächelt Ihnen zu oder aber sein Blick wird intensiver, die Augenbrauen heben sich dabei auch noch reflexartig kurz an? Das heißt, er würde auch Sex mit Ihnen haben. Es liegt ganz allein in Ihrer Hand, ob Sie sein Begehren schüren oder nicht. Schauen Sie hin, lächeln Sie zurück. Legen Sie Ihren Kopf ein wenig schräg und denken Sie so etwas wie: »Du könntest mir vielleicht gefallen! Komm doch her und stell dich vor!« Man kann Ihre Gedanken sehr gut in Ihrem Gesicht lesen – und ein solcher Gedanke wird einen Mann natürlich deutlich schneller anlocken als so etwas wie: »Huch, der hat gesehen, dass ich ihn ansehe – wie peinlich!« Den Gesichtsausdruck zu diesem Satz K A N N

ein Mann auch gar nicht interpretieren. Denn er würde niemals auf die Idee kommen, dass wir tatsächlich wegsehen, WEIL wir ihn attraktiv finden! Wenn er sich dann aber nicht traut, auf Sie zuzugehen, kann es durchaus hilfreich sein, einfach etwas Offensichtliches anzusprechen.

Wie wäre es mit einer Gemeinsamkeit: »Offenbar haben wir denselben Geschmack«, wenn in seinem Einkaufswagen etwas Ähnliches wie in Ihrem liegt. Anspielung auf: Offenbar haben wir denselben Geschmack, da wir uns wohl attraktiv finden.

Wenn Ihnen ein Mann im Supermarkt schon das dritte Mal über den Weg läuft und Blickkontakt sucht, ist das ganz sicher kein Zufall! Gefällt er Ihnen, sprechen Sie ihn an mit: »Sagen Sie, verfolgen Sie mich?« Wenn er nervös mit einem »Nein« antwortet, sagen Sie: »Schade!« Wenn er es zugibt, verlangen Sie mit einem Zwinkern von ihm, dass er sich wenigstens vorstellt, da Sie nicht gern von Unbekannten verfolgt werden…

Was sind typische Fehler beim Flirten? Was wird am häufigsten falsch gemacht?

Die meisten Frauen verstehen das Spiel nicht und reagieren daher entweder falsch oder aber gar nicht. Es ist zum Beispiel völlig okay für einen Mann, wenn er von einer Frau angesehen wird. Es ist genauso in Ordnung für ihn, wenn er eine Frau anspricht und die Frau ihm sagt, dass sie nicht angesprochen werden wollte.

Wir neigen dazu ein Verhalten zu entwickeln, das peinliche Situationen nach allen Kräften vermeiden soll. Da allerdings jegliche soziale Interaktion mit einem Unbekannten peinlich werden könnte, vermeiden wir somit auch diese und lassen uns damit jede Menge Möglichkeiten und Spaß entgehen.

Stellen Sie sich einfach einmal vor, Sie hätten ein Unternehmen, das neue Mitarbeiter sucht, aber Sie schalten keine Anzeigen, weil Sie ja wissen, dass Sie einen Großteil der Bewerber sowieso ablehnen müssen. Oder aber Sie suchen einen Job und bewerben sich vorsichtshalber nirgendwo, weil Sie ja wissen, dass Sie vermutlich ein paar Absagen erhalten werden. Und glauben Sie mir: Flirten macht viel mehr Spaß als Job- oder Mitarbeitersuche!

6

Sie können das Vergeben sogar üben: Fangen Sie mit kleinen Verletzungen an. Vergeben Sie jemandem, der Sie gerade unachtsam angerempelt hat. Verzeihen Sie Ihren Kollegen, die Sie heute nicht gefragt haben, ob Sie Lust haben, mit zum Mittagessen zu kommen (wenn Sie verzeihen, statt sich zu ärgern, werden Sie garantiert diese Woche noch gefragt werden). Erst wenn die »kleinen Vergebungen« Ihnen leicht von der Hand gehen und Sie sich nicht mehr stundenlang über Kleinigkeiten aufregen, können Sie sich an die großen, schmerzhaften Geschichten wagen. Jetzt sind Sie bereit, auch der Freundin, mit der Sie einen großen Streit hatten, der Sie schon seit zwei Jahren nicht mehr mitein-ander reden lässt, zu vergeben. Nur Mut! Kleine Schmerzen zu verzeihen, bringt schnelle Erleichterung. Die große Vergebung setzt sogar ungeahnte Kräfte frei. Insgesamt werden Ihre Beziehungen zu Freunden und Familie, zu Kollegen und Bekannten netter und freundlicher. Sie werden niemals andere Menschen verändern können, nur sich selbst (→ »Ändern Sie nicht andere, sondern sich selbst«, Seite 10). Wenn Sie sich verändern, verändert sich die Beziehung zu anderen. Wenn Sie auf einmal die Menschen, denen Sie vergeben haben, wieder freundlicher oder sogar wieder voller Liebe anschauen, werden diese auch netter zu Ihnen sein. Vergebung ist nie vergebens!

Sie müssen nicht alles wissen – Nur Mut, fragen Sie!

Machen Sie Ihren Mund auf und fragen Sie, wenn Ihnen etwas unklar ist und Sie etwas wissen wollen! Fragen Sie Ihre Freundinnen, Ihre Nachbarinnen, Ihre Mutter. Fragen Sie die Bedienung an der Käsetheke nach einer besonderen Empfehlung oder die Verkäuferin, ob sie Ihnen eine andere Größe holen kann.

Ich bin ein absoluter Internetjunkie und liebe es, den ganzen Tag mit dem Computer online zu sein, um bei Bedarf alles und jedes nachzuschlagen. Trotzdem löchere ich Hinz und Kunz mit Fragen. Warum? Weil ich weiß, dass ich von Menschen, die ich direkt frage, oft mehr Antworten bekomme, als wenn ich eine Suchanfrage nur »googele«.

Oftmals ist mir eine Frage beim Fragen noch gar nicht so klar, oder aus einer Frage entstehen viele neue Fragen – im Gespräch geht daher die Klärung in vielen Fällen schneller. Sie glauben gar nicht, welche

Fachleute Sie um sich herum haben! Manchmal reagieren die Menschen befremdet, wenn ich ihnen mit Fragen komme. Lassen Sie sich auf keinen Fall davon verunsichern. Zum Beispiel besitze ich seit zwei Wochen eine neue Kühl- und Gefrierkombination. Eine kolossale Steigerung im Vergleich zu meinem bisherigen Kühlschrank mit Dreisternefach. Einige Tage nach unserem Kauf saß ich mit einer Gruppe Freundinnen beisammen. Als das Gespräch eine Pause bekam, brachte ich mich mit meinem Anliegen ein: Ich bat um Tipps und Tricks rund ums Einfrieren. Meine Freundinnen staunten nicht schlecht. Eben hatten wir noch berufliche Probleme diskutiert, und jetzt wollte ich mit ihnen übers Einfrieren reden? Zunächst machten sie sich über mich und meine »verzweifelte Hausfrauen«-Frage lustig, aber als eine mit einem Tipp startete, folgten erstaunlicherweise die anderen. Plötzlich wusste ich eine ganze Menge über Behälter, Folie und dass man Beeren zuckert, bevor man sie einfriert. Es wurde ein munterer Plausch übers Einfrieren, der sich über das Kochen und günstige Einkaufsmöglichkeiten weiterspann. Plötzlich waren alle engagiert bei dem so »uncoolen« Thema dabei. Wunderbar!

Also lassen Sie sich nicht verunsichern. Es gibt keine dummen Fragen. Fragen Sie und lassen Sie nicht gleich locker, auch wenn man Ihnen nicht sofort antwortet, weil die Frage in den Augen der anderen irgendwie absurd erscheint.

Und falls Ihnen wirklich niemand einfällt, der Ihnen auf die Schnelle verraten kann, wie man etwas Bestimmtes macht, dann schauen Sie sich im Internet um (einige Adressen finden Sie auch auf → Seite 156). Es gibt unzählige Seiten mit Tipps und Tricks von hilfsbereiten Menschen, die ihr Wissen frei zur Verfügung stellen!

Verabreden Sie sich zum Mittagessen

Neulich saß ich mit ein paar Müttern von kleinen Kindern zusammen und fragte sie, was ich in meinem neuen Buch noch für Tipps geben könnte. Es dauerte keine Sekunde, bis aus der Frau neben mir der zunächst seltsam klingende Tipp »Gehen Sie Mittagessen« heraussprudelte. Als sie ihr Kind bekommen hatte, war das eine gigantische Umstellung für sie. Vorher war sie im Beruf sehr eingespannt und ständig von quirligen Kollegen und mehr oder weniger nervenden Kunden umgeben. Plötzlich war sie nun auf einmal den ganzen Tag nur auf sich gestellt.

Während ihr Mann arbeiten ging, saß sie zuhause mit einem brabbelnden Kleinkind und wünschte sich nichts sehnlicher, als mal wieder einen zusammenhängenden Satz zu sprechen und ihr Gehirn ein bisschen mehr zu fordern. Wenn ihr Mann abends nach Hause kam, war er leider müde und hatte schon alle seine ihm zur Verfügung stehenden Wörter für diesen Tag verbraucht. Meine Freundin litt ungemein unter dieser fehlenden intellektuellen Auslastung.

Eines Tages nahm sie ihren Mut zusammen und sprach eine andere Mutter aus der Babymassage-Gruppe an. Diese schlug begeistert vor, doch zusammen Mittagessen zu gehen. Meine Freundin stellte fest, dass es wider Erwarten gar nicht so teuer war, außer Haus zu essen. Man musste nur ein Gericht aus der Mittagskarte wählen – diese sind häufig um einiges günstiger als das, was man abends geboten bekommt. Viele Restaurants bieten auch ein preisgünstiges Mittagsbüfett.

Fortan gönnte sich meine Freundin häufiger, mittags essen zu gehen und andere Menschen zu treffen. Der lange Tag allein mit einem Kleinkind zu Hause war auf einmal nicht mehr so lang, weil er hin und wieder von einer anregenden Mittagspause unterbrochen wurde.

Ich habe ihre Idee gern aufgegriffen. Mir als Freiberuflerin, die einen Teil ihrer Arbeitszeit allein und still an ihrem Schreibtisch sitzt, geht es genauso. Es fehlen einfach Kollegen, um mal ein bisschen zu plaudern und auf andere Gedanken zu kommen. Eine anständige Mahlzeit pro Tag brauche ich außerdem. Was liegt näher, als sich mit anderen Freiberuflerinnen oder Müttern zu treffen? Für den typischen Preis eines Mittagsgerichtes können Sie sogar zu Hause kaum ein richtiges Essen für eine Person kochen. Außerdem, wer hat schon die Zeit dazu, jeden Mittag zu kochen? In einem Café lasse ich oft genug für ein paar Getränke fast das gleiche Geld, und abends auszugehen ist noch viel teurer! Besser, man geht ab und zu mittags essen, um nicht ständig von langweiligen Stullen und kalorienreichem, ungesundem Zeugs, das man unterwegs kauft, zu leben. Also, falls Sie diesen netten Brauch noch nicht kennen: Probieren Sie es aus. Treffen Sie sich mal wieder mit Freundinnen zum Mittagessen. Es ist ein Genuss!

Wenn Sie nur zuhause sitzen und brav Ihre Pflichten erledigen oder beruflich ausschließlich im eigenen Saft brüten, dann wird Ihr Leben öde. Richtig durchstarten können Sie nur, wenn Sie sich immer mal wieder frischen Wind um die Nase wehen und sich durch Gespräche mit anderen inspirieren lassen.

Seien Sie mal wieder gut zu Ihren Freunden

Wissen Sie, woher die Tradition kommt, Geburtstage zu feiern? Man feiert Geburtstag, genauer gesagt, man wird an seinem Geburtstag gefeiert, weil die Menschen sich freuen, dass man auf der Welt ist. Deswegen gibt es auch Geschenke. Jedes Geschenk soll sagen: »Klasse, dass es dich gibt. Ich bin unheimlich froh, dich zu kennen!« Das ist doch ein schöner Grund zum Feiern!

Deswegen ist mir jeder Geburtstag ein willkommener Anlass, Freunde und Verwandte einzuladen. Wieso sollte man das nur zu runden Geburtstagen tun? Theoretisch wäre es schön, wenn wir uns jeden Tag gegenseitig bestätigen würden, wie unglaublich super wir es finden, dass wir auf der Welt und uns begegnet sind. Eigentlich müsste man sich ständig juchzend und jubelnd um den Hals fallen. Aber das tun wir natürlich nicht.

Im Alltag vergessen wir leider viel zu oft, uns die gegenseitige Sympathie zu bestätigen. Alle gehen davon aus, dass es selbstverständlich ist. Und so sitzen Sie manchmal allein in Ihrem Kämmerlein und fragen sich, ob der/die andere Sie genauso mag wie Sie ihn/sie. Natürlich sollen wir nicht ständig Händchen halten und »Friede, Freude, Eierkuchen« verbreiten, aber was spricht dagegen, sich immer mal wieder zu sagen, wie gern man sich hat? Kleine Liebesbeweise versüßen den Tag und die Freundschaft.

Mit den folgenden kleinen Aufmerksamkeiten können Sie Ihre Freundschaft und Liebe zeigen:

→ Bringen Sie jedem Familienmitglied seine ausgesprochene Lieblings-Leckerei vom Einkaufen mit.

→ Überraschen Sie eine Freundin mit einer Theater- oder Kinokarte.

→ Packen Sie Ihrem Liebsten oder Ihren Kindern hatte kleine Botschaften in die Lunchbox.

→ Schreiben Sie kurze E-Mails über den Tag/die Woche verteilt oder Postkarten, wann immer Sie an jemanden denken, und erklären Sie, warum Sie gerade an ihn oder sie dachten. Gerade Postkarten und kleine Briefchen sind in Zeiten der E-Mail wertvoll geworden.

→ Laden Sie Freunde ohne Auto an einem schönen Sommertag zu einem Ausflug ins Grüne ein.

→ Nehmen Sie den Müll mit runter, wenn Sie sehen, dass die Nachbarn ihren Beutel vor die Tür gestellt haben.

→ Wenn Sie länger mit dem Auto unterwegs sind, rufen Sie Ihre Lieben (oder die

6

Freunde, bei denen Sie gerade zu Besuch waren) an, dass Sie heil wieder zu Hause angekommen sind.

Da unser Leben eben nicht ständig zuckersüß, sondern manchmal auch ganz schön sauer ist, gibt es außerdem einen ganz besonderen Tag für jeden Menschen, an dem er die Liebesbeweise und Freundschaftsdienste gesammelt übergeben bekommt und sich an ihnen erfreuen kann: den Geburtstag.

Klar macht es ein bisschen Arbeit, den Geburtstag mit vielen Freunden zu feiern. Aber Sie haben es in der Hand, wie viel Aufwand Sie betreiben. Wenn Sie gerne kochen, zaubern Sie ein Festmahl. Liegt Ihnen das nicht, werden Ihnen Ihre Lie-

ben schon nicht die Freundschaft kündigen, weil es nur gekaufte Kekse oder Pizza vom Bringdienst gibt. Laden Sie alle ein, die Ihnen am Herzen liegen und freuen Sie sich, wenn die Bude so richtig voll ist. Was Sie an diesem Tag erleben, ist Ihr ganz persönlicher größter Reichtum: Sie sehen das soziale Netz, in das Sie eingebunden sind. Freundschaften muss man hegen und pflegen. Also verwöhnen Sie Ihre Freunde mindestens einmal im Jahr und laden Sie sie zu einem schönen Fest ein. Lassen Sie sich feiern und genießen Sie die Aufmerksamkeit. Schließen Sie diese Freude in Ihrem Herzen ein, damit Sie das ganze Jahr wissen, wie gut Sie in Ihrem Freundeskreis aufgehoben sind.

»Komm an mein Herz!« – Umarmen Sie die Welt

Ich habe oft das Gefühl, dass unsere Welt immer kälter wird. Nein, ich rede jetzt nicht vom Klima und dem verregneten Sommer. Mir fällt immer mehr auf, wie unverbindlich die Menschen miteinander umgehen, obwohl sich eigentlich alle nach Nähe, Berührung und Verbindlichkeit sehnen. Man trifft sich auf der Straße und sagt nur »Hi« zur Begrüßung. Man betritt morgens das Büro und schmettert ein freundliches »Guten Morgen« in den Raum, aber heut-

zutage kann man sich noch nicht einmal sicher sein, dass einem jemand antwortet. Man sagt schlicht »Tschö!« und geht seiner Wege. Wenn noch nicht mal Menschen, die mir nahestehen, mir ihre Zuneigung zeigen, wie soll ich da ein gesundes Selbstwertgefühl bekommen?

Als ich Anfang der Neunzigerjahre eine Weile in Ostdeutschland arbeitete, war ich als Wessi ganz erstaunt, dass sich die Menschen morgens im Betrieb mit Handschlag begrüßten. So bemerkte ich, wie wenig Körperkontakt es vorher in meinem Alltag gab. Als ich die Irritation über die persönliche Geste überwunden hatte, fand ich sie toll: Jeder widmete dem anderen etwas Zeit. Man nahm direkt Kontakt auf und wechselte mindestens zwei Worte miteinander. Durch diese kleine Geste fühlt man sich wahrgenommen und bekommt gezeigt, dass man wertvoll ist.

Um jemandem die Hand zu geben, müssen Sie relativ nah an ihn oder sie herangehen, sonst kommen die Hände nicht zusammen. Sie müssen sich gegenseitig in die Augen sehen und sich konzentrieren, sonst treffen sich die Hände nicht. Außerdem ist ein Handschlag eine Berührung. Sie spüren den anderen, fühlen seine Haut – und vielleicht auch nervöse, feuchte Hände. Früher gab man sich die Hand, um zu zeigen, dass man keine Waffe in der rechten Hand hat. Eine schöne Geste.

Ich beschloss, mein Verhalten zu ändern. Fortan wollte ich nicht mehr cool und unverbindlich »Hi« sagen, wenn ich jemanden traf. Ich wollte dem anderen wirklich begegnen und in Kontakt treten. Ich wollte mir Zeit nehmen für eine Begrüßung, dem anderen signalisieren, dass er mir wichtig ist. Also experimentierte ich mit verschiedenen Formen der Begrüßung.

Irgendwann wurde es in meinem Freundeskreis modern, sich zwei Küsschen zur

Begrüßung und zum Abschied auf die Wange zu geben. Vermutlich hatte sich das irgendjemand von den Franzosen abgeschaut. Diese Geste verunsicherte mich ganz schön, weil ich eigentlich nie durchschaute, wie »man es denn richtig macht«. Es gab Leute, die wirklich küssten, und es gab andere, die nur einen Lufthauch am Ohr vorbeisäuseln ließen. Meist machte ich es genau umgekehrt. Immer dann, wenn ich beherzt küsste, erwischte ich eine Säuslerin und umgekehrt. Das war ganz schön kompliziert. Irgendwie hatte ich das Gefühl, dass es sich mehr um ein Showküssen als eine herzliche Begrüßungsgeste handelte. Ich begann mich zu verweigern und küsste nur diejenigen, die ich wirklich küssen wollte, und ignorierte die Regeln über das Zwei- oder Dreimalküssen. Bei guten Freunden reichte mir das bisschen Nähe nicht. Diese »französische« Küsserei ist ein oberflächliches Schnellschnell-Ritual: Küsschen links, Küsschen rechts und schnell wieder auseinander. Wenn ich jemanden richtig mag, mag ich nicht nur einen Handschlag oder ein beherztes Küsschen auf die Wange austauschen. Ich will den oder die andere fühlen. Ich mag die Wärme und den Herzschlag spüren. Ich möchte einen Moment der Verbundenheit, auch wenn er nur kurz ist. Also begann ich, Freunde zu umarmen.

Ich rate Ihnen nicht, auf der Straße jedermann zu umarmen und plötzlich alle Welt zu küssen. Jeder Mensch hat auch ein anderes Empfinden für die private Distanzzone, die uns umgibt, und diese sollte man respektieren. Aber vielleicht überlegen Sie mal, WEN Sie WIE begrüßen und ob Ihnen das tatsächlich reicht. Vermutlich haben Sie dieses Verhalten noch nie bewusst gesteuert und sich immer so verhalten, wie Sie glaubten, dass man es in dieser Situation »eben so macht«. Probieren Sie jetzt auch mal andere Verhaltensweisen aus und begrüßen und verabschieden Sie Menschen impulsiv so, wie Ihnen gerade zumute ist. Geben Sie mal die Hand, statt nur »Tschüss« zu sagen, oder küssen oder umarmen Sie nahestehende Personen. Sie werden erstaunt sein, wie viel mehr Intensität und Wärme dieses Verhalten in Ihr Leben bringen kann.

Schreiben Sie Wunschzettel

Sie glauben, dass Wunschzettel nur etwas für Kinder wären? Da haben Sie sich getäuscht. Wunschzettel kommen gerade wieder in Mode. Sie kennen sicherlich diese peinliche Situation: Sie bekommen ein Geschenk, packen es aus und wissen nicht, wie Sie reagieren sollen. Das Geschenk entspricht nicht Ihrem Stil, passt nicht in Ihre Wohnung und hat ganz und gar nichts mit dem zu tun, was Sie gerne machen und mögen. Was soll man in so einer Situation tun? Wie reagiert man auf so ein Geschenk? Viele von uns sind dazu erzogen worden, zu lächeln, in spitze Begeisterungsschreie auszubrechen und sich höflich für das Geschenk zu bedanken. Tja, und dann haben Sie den Salat. Diese Reaktion hat zur Folge, dass Sie auch in

Zukunft immer wieder scheußliche Sachen geschenkt bekommen.

Natürlich ist es nicht leicht, jemandem zu sagen, dass man sein Geschenk nicht mag. Aber so schlimm ist es nun auch wieder nicht. Es war sicherlich ein Missgeschick und keine böse Absicht. Wenn man die Rückgabe freundlich begründet, hat der Schenker die Chance, es das nächste Mal besser zu machen.

Bewahren Sie freundliche Schenker davor, Geschenke wieder zurückzubekommen, indem Sie Wunschzettel schreiben. Ich hatte das lange nicht in Erwägung gezogen, bis ich die Wunschzettel-Funktion bei Amazon.de entdeckte. Wie wunderbar! Die Idee kannte ich schon von Hochzeits-

tischen. Dass man aber auch jenseits von Geschirr- und Besteckwelten in Geschäften Wunschzettel hinterlegen kann, wusste ich vorher nicht. Auf meinem Online-Wunschzettel bei dem bekannten Internethändler vermerkte ich alle Bücher und CDs, die mich interessierten. Wenn mich jemand fragte, konnte ich sofort nachschauen, was mir Freude bereiten würde. Und noch besser: Jeder, der die Adresse dieses Wunschzettels kennt, kann selbst dort stöbern und mich mit einem Geschenk überraschen.

Mittlerweile gibt es in den Weiten des Internets viele Geschäfte mit den unterschiedlichsten Sortimenten, die solche Wunschzettel anbieten. Wie praktisch!

EXTRA-TIPP

6

Sie lieben Schmuck

→ ... aber Sie bekommen immer nur Gutscheine, weil Ihr Mann oder Ihre Freunde sich nicht trauen, selbst etwas auszusuchen? Die Lösung sind Schmucksysteme. Im Service-Kapitel finden Sie einige Adressen. Aber es gibt noch viel mehr Anbieter! Suchen Sie einfach nach »Schmucksystem«.

Wählen Sie sich ein System aus, das Ihnen gefällt, und erwähnen Sie es häufig und deutlich Ihrem Mann gegenüber. Am besten lassen Sie einen Katalog auf dem Wohnzimmertisch oder an einem ähnlich zentralen Ort liegen. Falls er gerade das Stück kauft, das Ihnen nicht gefällt, können Sie es ja immer noch umtauschen ...

Freizeit
ist Freu-Zeit

→ Machen Sie das Beste aus Ihrer Freizeit und lassen Sie es dabei so richtig krachen! Tanzen Sie ausgelassen wie eine Diva, und unternehmen Sie vieles mehr, von dem Sie wissen, dass es Ihnen guttut. Geben Sie sich einen Ruck, entdecken Sie Neues und bereichern Sie Ihr Leben, damit Ihre Mußestunden zu wahren kraftspendenden Glücksquellen werden.

Haben Sie genug Zeit nur für sich? Nehmen Sie sich frei!

Um in Ihrer Freizeit mehr Spaß zu haben, brauchen Sie etwas ganz Grundlegendes: freie Zeit. Das klingt jetzt selbstverständlich – ist es aber nicht. Frauen haben sehr viel weniger Freizeit als Männer. Denn sie NEHMEN sie sich nicht.

Was ist eigentlich Freizeit? Freizeit ist die Zeit, in der man nicht arbeitet, die man ganz für sich hat, in der man macht, was man möchte. Freizeit ist etwas sehr Wertvolles. Darum sollte man diesen Schatz hegen und pflegen und notfalls auch kämpferisch verteidigen, falls ihn uns jemand streitig zu machen versucht.

Wenn Sie einen interessanten Job haben, siegt manchmal die Verführung, mehr als notwendig zu arbeiten. Erstaunlicherweise fühlt sich das sogar gut an. Wenn Sie am

nächsten Morgen den Kollegen erzählen können, wie lange Sie am Vorabend in der Firma waren und dass Sie mal wieder das ganze Wochenende durchgearbeitet haben, sind Sie eine Heldin – oder zumindest eine Märtyrerin.

Doch bekommen Sie Ihren Einsatz wirklich gedankt? Frauen denken oft, dass sie sich mehr anstrengen müssen (als Männer), um erfolgreich zu sein. Sie ackern als fleißige Lieschen (→ Seite 73) und grämen sich im Geheimen, dass sie bei der Beförderung schon wieder übergangen wurden. Leistung ist wichtig, aber leider lohnt sie sich nicht immer so, wie man es sich erhofft. Prüfen Sie, ob wirklich jede Überstunde notwendig ist. Natürlich müssen Sie in heißen Zeiten Ihrem Arbeitgeber

7

signalisieren, dass er auf sie zählen kann. Aber wenn es immer »heiß zugeht«, stimmt irgendetwas nicht.

Das Gleiche gilt auch für Frauen, die zuhause das »Familienunternehmen« managen. Dort ist es fast noch schlimmer, denn zuhause gibt es keine festen Arbeitszeiten. Der Arbeitstag beginnt noch vor dem Aufstehen und endet, wenn die To-do-Liste für den nächsten Tag fertig ist und man ermattet einschläft. In einem »Arbeitsverhältnis«, das keinen Betriebsrat kennt, der für menschenwürdige Arbeitsbedingungen kämpft, muss man seine eigene Gewerkschaft sein und Stunden der Muße erkämpfen und klar definieren.

Dabei ist es gar nicht unbedingt so, dass die kleinen Racker oder der Ehemann einen zur Arbeit zwingen würden. Es ist dieses Gefühl, alles schaffen zu wollen und keine Pause zu machen, bis nicht alles fertig ist. Dabei weiß doch jedes Kind, dass ein Haushalt niemals »fertig« ist. Eigentlich gibt es nichts Frustrierenderes als Hausarbeit: Wenn man an der einen Ecke mit dem Bügeln fertig ist, warten im anderen Zimmer schon wieder die dreckigen Socken. Ein endloses Spiel. Man hat niemals alles erledigt.

An diesem Fakt kann man verzweifeln – oder wie ein buddhistischer Mönch weise lächeln und sagen: »Was soll's!« Gerade weil Sie niemals alles schaffen können, sollten Sie frühzeitig darauf achten, was Sie schaffen WOLLEN. Wenn Sie dieses Ziel erreicht haben, ist Schluss, dann hat auch Mama mal Freizeit und macht, was sie möchte.

Wenn Sie sich keine Zeit für sich nehmen, vernachlässigen Sie den wertvollsten Menschen, den Sie kennen: sich selbst. Wenn Sie immer nur ackern und schuften, wenn Sie tagtäglich rennen und schwitzen, wie der Hamster in seinem Rad, werden Sie irgendwann ausgebrannt und unzufrieden sein. Spätestens dann ist es an der Zeit, die Bremse zu ziehen und etwas zu verändern. Nehmen Sie sich die Freiheit. Nehmen Sie sich frei!

Jeder Mensch braucht Zeit für sich, braucht kleine Oasen, um auszuspannen und wieder zu sich zu kommen. Wie diese Frei-Zeit genutzt wird, ist ganz unterschiedlich. Wichtig ist nur, dass es wirklich Freizeit und »Freu-Zeit« ist. Dass Sie selbst entscheiden, was Sie gerade gern tun möchten und dass Sie diese Zeit auch richtig genießen. So schöpfen Sie neue Kräfte. Sie fühlen sich anschließend viel besser, denn Sie haben etwas für sich getan. Ihre Ausstrahlung wird besser und Sie sehen gleich noch etwas hübscher aus, wenn Sie sich bewusst gemacht haben, dass Freizeit die Zeit ist, die Sie mit dem tollsten Menschen der Welt genießen: mit sich selbst!

Bevorzugen Sie Menschen, die Ihnen guttun

Etwas, das mich besonders lähmt, sind Menschen, die Forderungen an mich stellen und Erwartungen an mich knüpfen, die mich alles andere als beflügeln. Im Arbeitsleben ist das nicht immer zu vermeiden. Nur in den wenigsten Berufen kann man sich aussuchen, mit wem man seine Zeit verbringt. Die logische Konsequenz ist, dass Sie umso mehr in Ihrer Freizeit darauf achten, mit was für Menschen Sie Ihre Zeit verbringen. Umgeben Sie sich mit Menschen, die Ihnen guttun!

Sie haben die Wahl! Sie müssen nicht alte Freundschaften und Bekanntschaften aufrechterhalten, obwohl Sie jedes Mal innerlich gähnen, wenn die alte Freundin aus der Schulzeit anruft und Ihnen Dinge erzählt, die Sie nicht die Bohne interessieren. Schlagen Sie Themenwechsel vor, und wenn auch das nichts bringt, dann lösen Sie sich aus der Verpflichtung. Suchen Sie sich Menschen, die besser zu Ihrem aktuellem Lebensstil und auch zu Ihren Interessen und Zielen im Leben passen. Ich weiß, das ist nicht leicht. Niemand stößt gern andere Menschen vor den Kopf. Aber ist nicht ein klares Wort besser, als hinter dem Rücken der anderen schlecht zu reden? Sie müssen sich nicht von Verpflichtungen nach dem Motto »Das ist bei uns aber so üblich« oder »Das macht man so« das Leben vermiesen lassen. Wenn Sie einen Partner haben, haben Sie eine ganze zweite Familie dazubekommen. Wenn Sie keine Lust haben, seine Kusine zu Ihrem Geburtstag einzuladen, dann lassen Sie es. Es ist schließlich I H R Geburtstag! Sie haben das Recht zu entscheiden, mit wem Sie Zeit verbringen wollen. Natürlich macht man – gerade was die Familie angeht – immer mal wieder Kompromisse. Doch wenn Ihr Leben N U R N O C H aus Kompromissen besteht, werden Sie kreuzunglücklich! Hüten Sie sich vor »Saugern«. Es gibt Menschen, die immer nur nehmen und niemals etwas zurück geben. Am unauffälligsten funktioniert das Saugen von Zeit und Energie. Menschen, die immer nur von sich erzählen und niemals nachfragen, wie es dem anderen geht oder ob er zur Abwechslung mal Hilfe benötigt, sollten Sie aus Ihrem Leben verbannen. Menschen, die mit einer Selbstverständlichkeit, die ihresgleichen sucht, unsere Zeit in Anspruch nehmen, als könnten sie über uns verfügen, stehlen Ihnen wertvolle Energie. Wir helfen bei jedem Umzug, spielen brav den Babysitter und stehen prompt zur Verfügung, wenn es dem anderen gerade spontan in den Zeitplan passt. Freund-

7

schaft bedeutet aber, dass es langfristig einen Ausgleich geben muss (→ »Nutzen Sie Netzwerke«, Seite 40). Mal ist die eine bedürftiger, mal die andere. Aber grundsätzlich muss das Verhältnis stimmen. Schauen Sie, ob es einen »Sauger« in Ihrem Freundeskreis gibt, und machen Sie »Schluss« mit dieser Person. Sie werden erstaunt sein, wie unglaublich leicht und frei Sie sich anschließend fühlen!

Wer ein gutes Leben haben will, der muss für sich sorgen. Das kann bedeuten, dass Sie zunächst anderen ein bisschen auf den Füßen herumtreten müssen – manchen mehr, manchen weniger. Wer auf einmal nicht mehr pflegeleicht und geduldig ist, unverhofft nicht mehr alles mit sich machen lässt, der eckt an. Das macht aber nichts! Menschen, die Sie wirklich mögen, werden das akzeptieren. Und auf die anderen können Sie ohnehin verzichten. Entscheiden Sie bewusst, mit wem Sie Zeit verbringen wollen, und umgeben Sie sich mit Menschen, die Ihnen positive Energien vermitteln, die Sie beflügeln. Sie werden sehen, wie gut das tut!

Seien Sie mal wieder albern

Es gibt kaum etwas Befreienderes und Erholsameres, als richtig albern zu sein. Blödsinn zu machen und fröhlich herumzukichern wie die Kinder, macht unheimlich Spaß – auch wenn die anderen die Nase rümpfen und verächtlich eine Augenbraue hochziehen. Egal. Hauptsache, Ihnen geht es gut!

Kinder wissen, wie es geht, gut zu leben. Sie brauchen keine Ratgeberbücher und weise Gurus, um zu wissen, was ihnen Spaß macht. Sie lachen, wenn ihnen etwas gefällt, und entdecken spielerisch die Welt. Sie kümmern sich nicht darum, ob etwas möglicherweise peinlich oder albern ist.

Sie probieren es aus und kichern vergnügt, egal ob es klappt oder auch nicht.

Von Kindern können wir eine ganze Menge lernen. Als Erwachsene haben wir nach und nach, meist unmerklich, die unverblümte Neugier und die hemmungslose Lebenslust verloren. Das ist schade, denn es ist wirklich nicht nötig, viel Geld für teure Massagen, kostspielige Urlaube oder edle Klamotten auszugeben, um sich gut zu fühlen. Es ist so einfach: Sie müssen nur viel häufiger aus vollem Bauch lachen. Sie werden sehen: Ihre Laune steigt, Sie bekommen Sauerstoff ins Blut, Ihr Teint wird schöner und Ihre Augen strahlen.

Dabei ist es völlig egal, über was Sie lachen. Hauptsache, Sie amüsieren sich und vergessen die Welt um sich herum. Sie müssen so vertieft in Ihr Vergnügen sein, dass es Ihnen egal ist, ob Sie dabei albern aussehen. Haben Sie einfach Spaß, entdecken Sie wieder voller Lebenslust die Welt und kichern Sie ruhig wie ein kleines Mädchen. Das ist wie ein Kurzurlaub vom Alltag.

Tanzen wie eine Diva

Tanzen. Frauen lieben es – Männer eher nicht. Frauen eröffnen üblicherweise die Tanzfläche, Tanzschulen suchen für Tanzkurse händeringend männliche Tänzer, und Ehefrauen können ein Lied davon singen, welche Schwierigkeiten es macht, den Gatten zu einem Tanzkurs zu überreden. Heutzutage ist es glücklicherweise nicht mehr unschicklich, allein zu tanzen. Früher muss das wirklich schlimm gewesen sein, wenn man am Rande der Tanzfläche saß und (gefühlte) Stunden darauf wartete, endlich aufgefordert zu werden. Oder schlimmer noch: wenn man dann schließlich nur von unmöglichen Männern aufgefordert wurde – und schlecht Nein sagen konnte. Letzteres kann frau zwar heutzutage auch nicht immer vermeiden, aber sie muss zumindest nicht warten, bis sie alt und runzlig ist, um mal wieder zu tanzen. Also tanzen Sie, wenn Sie Lust darauf haben!

Genau das ist das Geheimnis: Wenn man Ihnen die Freude am Tanzen ansieht, sehen Sie auch gut aus. Das »gut« können Sie durchaus mit »sexy« oder »verführerisch« übersetzen, denn glücklich sein macht schön. Wenn Sie lächeln oder sogar strahlen, wenn Sie die Musik und Ihre dazugehörigen Bewegungen genießen, sind Sie schön. Per definitionem!

Beachten Sie nur eine einzige Einschränkung: Versinken Sie nicht in Trance und vermeiden Sie exaltierten Ausdruckstanz. Diese beiden extremen Arten zu tanzen schrecken die meisten Menschen schlicht ab. Einfach ein bisschen normal im Takt der Musik »herumhopsen«, Menschen anlächeln und Spaß haben. Das reicht wirklich schon, um begehrenswert auszusehen. Dabei brauchen Sie sich nicht zu verausgaben. Starten Sie sanft, und fühlen Sie in sich hinein, ob der richtige Zeitpunkt, die Tanzfläche zu betreten, schon gekommen ist. Wippen Sie mit dem Fuß, spüren Sie den Takt der Musik in Ihrem Körper. Wenn Ihnen das Lied gefällt, ist das schon die halbe Miete.

7

Ob Sie sich auf einen Flirt oder einen Tanz einlassen, das entscheiden Sie. Tanzen Sie ein wenig an den Mann heran, lassen Sie Ihrer beider Bewegungen synchron werden und lächeln Sie. Und wenn Sie genug haben, machen Sie eine Drehung und tanzen einfach in einer anderen Richtung weiter und flirten mit dem Nächsten.

Es ist ein Spiel. Genießen Sie jeden Moment davon. Es macht unheimlich Spaß, beim Tanzen spielerisch Kontakt zu anderen aufzunehmen. Lächeln Sie andere Tänzer an, imitieren Sie deren Bewegungen oder umkreisen Sie sie. Auch wenn Sie getrennt voneinander tanzen, tanzen Sie so

einige Sekunden ein paar Takte oder aber auch den Rest des Liedes gemeinsam. Und wer weiß, vielleicht ergibt sich daraus ein weiterer Tanz oder mehr!

Wenn Sie allerdings für dieses Lied, für einen Abend oder sogar für das ganze Leben den richtigen Tanzpartner gefunden haben, gilt es, sich zu konzentrieren. Das flirrende Gefühl, die Intensität, die das Bezaubernde am Tanzen ist, gibt es nur durch die Konzentration auf das Wesentliche: den Mann an Ihrer Seite. Nur wenn Sie ihm Ihre volle Aufmerksamkeit schenken, wird er das Gleiche für Sie tun. Nichts genießt ein Mann mehr als Aufmerksamkeit. Schenken Sie sie ihm, und er wird Ihnen die Sterne vom Himmel holen und mit jedem Blick bestätigen, dass Sie eine wundervolle Frau sind und er sie zu schätzen weiß. Lassen Sie sich (ver)führen, seien Sie eine Diva!

Blicken Sie über den Tellerrand – Suchen Sie sich ein Ehrenamt

Manchmal hat man das Gefühl, nicht mehr weiterzukommen. Sie sind lang genug um sich selbst und die eigene Situation gekreist und es passiert nichts Neues mehr – die Impulse von außen fehlen. Es gibt viele Lebenssituationen, in denen man das dringende Bedürfnis hat, mal wieder über den eigenen Tellerrand schauen zu müssen und mal etwas anderes, etwas Sinnvolles zu tun.

→ Wenn Sie im Beruf stehen und sich fragen, »ob das schon alles war«, und Sie das Gefühl haben, endlich etwas Sinnvolles tun zu müssen.

→ Wenn Ihnen Ihre Kinder zwar lieb sind, Sie trotzdem Sehnsucht haben, ein paar Stunden die Woche mal wieder etwas ganz anderes zu tun.

→ Wenn Ihre Kinder schon größer und unabhängiger sind und Sie nicht mehr den ganzen Tag mit Beschlag belegen.

→ Wenn Sie gerade arbeitslos sind, das Gefühl haben, dass Ihnen zu Hause die Decke auf den Kopf fällt, weil Sie so allein sind und nichts anderes tun können, als Ihre Bewerbungen zu optimieren und auf Antwort zu warten.

Sie können im Kleinen anfangen, die Welt etwas schöner zu machen. Kehren Sie vor Ihrer Haustür, statt nur über die schlechte Welt zu schimpfen. Das ist nicht nur bildlich gemeint. Wenn Sie beispielsweise das Gefühl haben, dass Ihr Viertel immer unwirtlicher wird, dass immer mehr Schmutz herumliegt und sich keiner mehr darum kümmert, wie es aussieht, können Sie einen Anfang machen. Ich war sehr beeindruckt, als ich zum ersten Mal mitten in der Stadt kleine Blumenbeete rund um Bäume sah, die auf dem Gehweg oder am Straßenrand standen. Privatpersonen hatten sich die Mühe gemacht, den Platz, der der Allgemeinheit »gehört«, zu verschönern. Das Blumenbeet hat eine Botschaft: Es zeigt, wie schön es ist, die Augen aufzumachen, achtsam zu sein und sich an der Welt zu erfreuen. Vielleicht hält es den einen oder anderen davon ab, achtlos seinen Müll wegzuwerfen oder seinen

7

Hund überall sein Geschäft verrichten zu lassen. Und vielleicht animiert es mehr Menschen, das Werk der Verschönerung fortzusetzen.

Auch Ihnen nahestehende Personen sind oft für Aufmerksamkeiten und Hilfe dankbar. Halten Sie Augen und Ohren offen, wo Bedarf besteht.

Am einfachsten ist es, wenn Sie etwas Zeit verschenken. Sie können bei den jungen Nachbarn mit Kleinkind anbieten, hin und wieder zu babysitten. Sie können Ihre Großmutter regelmäßig besuchen, um ihr vorzulesen. Den Nachbarn können Sie eine Freude machen, wenn Sie ihre Blumen gießen und die Post aus dem Briefkasten holen, während sie im Urlaub sind. Geben Sie Ihrem Neffen Nachhilfe in Englisch, statt ihm nur zu Weihnachten und zum Geburtstag etwas zu schenken. Überprüfen Sie Ihre Gewohnheiten, auch und besonders die Dinge, vor denen wir uns gerne drücken (»Schon wieder die Großtante anrufen, seufz!«). Es gibt so viele Möglichkeiten, wie Sie einmalig behilflich sein oder regelmäßig Unterstützung leisten können. Meist ist gar nicht so viel Aufwand nötig – verschenken Sie etwas, das Sie ohnehin haben; tun Sie etwas, das Ihnen leichtfällt oder das Sie besonders gut beherrschen.

Es kann aber auch sein, dass Sie sich zu einem bestimmten Zweck nützlich machen wollen und eher große Veränderungen anstreben. Finden Sie heraus, in welchem Bereich Sie sich gern engagieren wollen. Worüber ärgern Sie sich in den Nachrichten und welche Schicksale rühren Sie? Welchen Zustand wollen Sie nachhaltig verändern? Wollen Sie sich für den Klimaschutz einsetzen oder bei einem Tauschring in Ihrer Nachbarschaft mitwirken? Es gibt so viele Gebiete, auf denen Sie helfen können.

Sie werden sehen: Das ehrenamtliche Engagement verändert Ihr Leben. Sie tun etwas Gutes, leisten einen kleinen Beitrag dazu, dass unsere Welt schöner wird, und bekommen dafür unheimlich viel zurück. Sie werden sich kraftvoller und besser fühlen, weil Sie erleben, dass Sie gebraucht werden, dass Sie Ihre Talente sinnvoll einsetzen und etwas verändern können. Das gibt Ihrem Leben einen Sinn! Sie werden andere Menschen treffen und vielleicht neue Freundschaften schließen, die Sie bereichern. Sie können sich in Tätigkeiten ausprobieren, für die Sie vorher niemals den Mut fanden. Vielleicht lernen Sie etwas, das sich später sogar beruflich auswirkt. Und vielleicht entdecken Sie auch etwas, das Sie so erfüllt, dass Sie Ihren Beruf ändern oder zumindest verändern wollen. Ihr Leben wird abwechslungsreicher und erfüllter sein. Na, wenn das keine guten Gründe sind, etwas Gutes zu tun.

Lassen Sie sich nicht berieseln

Fernsehen ist Lust und Last zugleich. Manchmal verfluche ich den Flimmerkasten, weil er es einem so unglaublich leicht macht, faul zu sein. In anderen Momenten bin ich beglückt, weil mir spannende Unterhaltung, wertvolle Informationen, Ablenkung von den Schwierigkeiten des Alltags und immer wieder ein herzliches Lachen fast »frei Haus« zur Verfügung stehen und das Leben angenehmer machen. Im Fernsehen gibt es tatsächlich tolle Dinge zu entdecken – leider sind sie nur mehr und mehr unter der großen Menge an Schund und Werbung verborgen, der einem tagein und tagaus serviert wird. Doch wir müssen uns nicht berieseln lassen, bis wir dumm und dämlich werden. Das Gerät hat eine wunderbare Funktion, die manchmal leider in Vergessenheit gerät: den Knopf zum Ausschalten.

Wer sich regelmäßig zu bestimmten Zeiten vor den Fernseher setzt, kann mir nicht erzählen, dass er wirklich selbstbestimmt seine Freizeit gestaltet. Wenn es zum persönlichen Ritual gehört, pünktlich um Viertel nach acht endlich auf dem Sofa zu sitzen, um abzuspannen, der schaut doch schlicht, was ihm geboten wird. Wer einfach nur passiv dasitzen und unterhalten werden möchte, ist nicht wirklich wähle-

risch. Da kann es schon mal passieren, dass man stundenlang nur Unsinn sieht. Manchmal passiert mir das auch, obwohl ich so eine Abendgestaltung eigentlich überhaupt nicht mag. Ich hänge einen ganzen Abend vor der Glotze, zappe mich durch miese Programme, die mich nicht die Bohne interessieren, und gehe irgendwann, Stunden später, völlig belämmert ins Bett. Glücklicherweise merke ich spätestens am nächsten Tag, dass diese Form der Abendgestaltung kompletter Unsinn und auf Dauer überhaupt nichts für mich ist. Wer, wie ich, das Leben so sehr wie möglich genießen will, wer bereit ist, Verantwortung zu übernehmen, und sein Leben so gestalten möchte, dass jeder Tag ein Gewinn ist, zu dem passt dieses »Abhängen« einfach nicht. Der gibt sich nicht mit dem zufrieden, was zufällig geboten wird. Genauso, wie ich in anderen Lebensbereichen auswähle, mit wem oder was ich die Zeit verbringe, will ich das auch in Zeiten der Entspannung vor dem Fernseher tun. Deswegen kaufte ich vor vielen Jahren einen Videorekorder. Zunächst befürchtete ich, dass er mich dazu verleiten würde, viel mehr anzusehen, als ich es vor der Anschaffung tat. Doch das passierte nicht. Ich entdeckte die Freiheit vom Korsett des Fern-

Lea Glimsche (nia-workshop@gmx.de) gibt als Nia-Trainerin Kurse und Workshops in ganz Norddeutschland. Nia ist ein innovatives und vielseitiges Fitness- und Wellnesskonzept, ein kraftvoller und zugleich sinnlicher Tanz, der unter anderem Elemente des Tai Chi, Tae Kwon Do, Modern- und Jazzdance, Yoga und Feldenkrais miteinander vereint.

Alle Welt spricht heutzutage von Fitness und Wellness, Sie aber von Vitalität. Was ist für Sie Vitalität?
Vitalität ist eine Kombination aus gesunder Ernährung, ausreichend vergnüglicher Bewegung und einer positiven Lebenseinstellung. Das ist eine gesteigerte Form von Gesundheit, und damit viel mehr als die Abwesenheit von Krankheit. Mit Vitalität kann man kraftvoll seine Aufgaben angehen.

Wie kann man denn zu mehr Vitalität gelangen?
Als Nia-Trainerin bin ich natürlich überzeugt, dass es besonders gut geht, die eigene Vitalität mit Nia zu entdecken. Nia ist eine spezielle Form des Tanzens, und Tanzen ist sehr körperlich und vor allen Dingen sehr wenig verkopft.

Was unterscheidet Nia von anderen Sportarten?
Bei einem klassischen Workout wie Aerobic oder beim Joggen kann man ein High erreichen, aber das ist immer nur ein kurzfristiger Spaß, denn das High ist schnell wieder vorbei. Es steht nicht die reine Freude an der eigenen Bewegung im Vordergrund. Es geht immer nur um höher, schneller, weiter.
Ich glaube, dass viele Menschen Sport mit dem Ziel machen, ein irgendwie angesagtes Erscheinungsbild zu erreichen. Das halte ich für überholt. Ich glaube daran, dass es darum geht, sich zu bewegen, um ein großartiges Körpergefühl zu bekommen.
Du bist einfach am attraktivsten, wenn du glücklich bist und dich in deinem Körper wohlfühlst. Attraktivität macht sich nicht an einer Kleidergröße oder einem bestimmten BMI fest! Attraktivität kommt durch Vitalität!

Ist Nia schwer zu erlernen, oder kann tatsächlich jeder Mensch Nia tanzen?
Tanzen ist der Ursport an sich. Die schönste und heilsamste Form der Bewegung ist der Tanz. Und das Gute ist: Jeder kann tanzen!

Wenn jemand untrainiert, ein wenig älter oder ein wenig beleibter ist und nun zum ersten Mal zu Ihnen in eine Nia-Stunde kommt: Ist er oder sie nicht frustriert, wenn er nicht im Vergleich zu Ihnen oder den anderen Teilnehmerinnen mithalten kann?

Im Nia gibt es keinen Leistungsdruck. Jeder macht es, soweit wie er kann. Ich biete einen sicheren Rahmen, in dem man sich ausprobieren kann. Nia machen Alte, Junge, Dicke, Dünne. Rentner und Teenager. Die Managerin genauso wie die Mutter.

Bei Nia habe ich die Möglichkeit, nach Tagesform und körperlicher Fitness zu wählen, wie ich die Übungen mache. Der Grundgedanke ist: Finde deinen Weg, deinen ganz eigenen tänzerischen Ausdruck!

Gibt es gesundheitliche Risiken beim Nia? Was muss man beachten?

Es gibt beim Nia keine Verschleißerscheinungen. Das Barfuß-Tanzen erhöht die Körperwahrnehmung. Wenn sich etwas nicht gut anfühlt, dann lässt man es. Wichtiger als die Optik ist die körperliche Empfindung.

Ich bin kein Drill-Instructor. Es geht mir darum, die Teilnehmerinnen meiner Kurse zu ermächtigen. Ich motiviere nicht und ich sporne nicht an. Ich ermächtige sie.

Gibt es auch Männer in Ihren Kursen oder ist es ein typischer Frauensport?

Nia wird hauptsächlich von Frauen gemacht. Wahrscheinlich, weil der tänzerische Anteil und nicht der Kampfsportanteil im Vordergrund steht. Ich finde, es ist eine wunderbare Form von Bewegung für Frauen, weil meine Teilnehmerinnen lernen, sich in kraftvoller Art und Weise auszudrücken.

Das heißt, Sie trainieren nicht nur den Körper, sondern auch das Selbstbewusstsein?

Nia trainiert mental, emotional und auf der körperlichen Ebene. Auf der einen Seite ist Nia Wellness und Fitness. Der Muskelaufbau und der Fettabbau passieren nebenbei.

Nia ist aber auch wie Coaching in Bewegung. Die Haltung verändert sich. Frauen werden sinnlicher und gewinnen ihre Stimme zurück. Sie lernen Nein zu sagen und Grenzen zu setzen. Nia gibt Power, das heißt Kraft und Macht. Und es macht Mut, das ganze Leben zu verändern.

7

sehprogramms. Vorbei waren die Momente, wo ich zögerte, eine Verabredung anzunehmen, weil an diesem Abend ein interessanter Film im Fernsehen gezeigt wurde. Und vorbei war das Leben, das sich nach den Zeitvorgaben der Fernsehprogramme strukturierte. Fortan zeichnete ich alles, was mich interessierte, auf und schaute nur noch diese Sendungen. Endlich wurde ich auch wieder von störenden Werbeunterbrechungen verschont, denn bei aufgezeichneten Filmen konnte ich die Werbung durch Spulen überspringen. Wie schön!

Der Fernseher ist seitdem ein Frühwarnsystem für mich. Wenn ich merke, dass ich wahllos irgendwelchen Mist anschaue, ist das ein sicheres Zeichen dafür, dass gerade in meinem Leben irgendetwas schiefläuft. Dann gilt es noch mal nachzudenken, was

mir gerade fehlt: Vielleicht brauche ich mal wieder ein neues Hobby, das mich fasziniert, oder aber ich sollte endlich die Freundin anrufen, mit der ich mich schon seit Wochen treffen will.

Natürlich spricht nichts gegen gemütliche Fernsehabende! Unser Alltag ist oft anstrengend, da möchte man sich am Abend zurücklehnen und unterhalten werden, statt schon wieder aktiv zu sein. Aber wir haben die Wahl: Niemand wird gezwungen, wertvolle Lebenszeit mit gehaltlosem Unsinn zu vergeuden. Es gilt nur, sich dieser Eigenverantwortung wieder bewusst zu werden und zu handeln. Sie werden sehen, es fühlt sich oft richtig gut an, wenn man sich aufrafft, den Fernseher ausschaltet und zur Abwechslung mal wieder ganz etwas anderes tut.

Spielend den Alltag hinter sich lassen

Mit Spielen können Sie sich spielend erholen. Wer tief in ein Spiel versinkt, vergisst die Welt um sich herum, erlebt erholsame Konzentration und ist dadurch einen Moment lang ganz bei sich selbst. Falls Sie schon lange nicht mehr gespielt haben, probieren Sie es aus und verlassen Sie mal wieder spielerisch den Ernst des Lebens. Dabei ist es völlig egal, für welches Spiel

Sie sich entscheiden. Es gibt Menschen, die lieben Gesellschaftsspiele, andere hassen sie. Testen Sie, zu welcher Gattung Sie gehören. Ich finde es unheimlich spannend, auch ganz simple Spiele mit anderen Menschen zu spielen. Das wahre Gesicht von Menschen zeigt sich im Spiel, die Maske des Alltags wird fallen gelassen. Ich finde es immer wieder ganz erstaunlich zu beobachten, wie emotional und auch überraschend Menschen reagieren, wenn sie beim »Mau-Mau« gewinnen oder bei »Mensch ärgere dich nicht« verlieren. Spielen Sie mal wieder und beobachten Sie genau. Sie werden sich selbst und Ihre Freunde plötzlich von einer ganz neuen Seite kennenlernen.

Machen Sie sportliche Spiele, wenn Sie es entspannender finden, sich zu bewegen, als um einen Tisch herumzusitzen und nebenbei ein Gläschen mit Freunden zu trinken. Treffen Sie sich doch mit Freunden zu einem Ballspiel. Oder wie wäre es, bei einem Spaziergang mal wieder »Fangen« oder »Verstecken« zu spielen? Toben Sie herum oder entwickeln Sie sportlichen Ehrgeiz. Wenn Sie sich ganz in das Spiel hineinbegeben und jedes Tor, das sie erzielen wollen, wichtiger ist als das Problem im Büro, das Sie vorher den ganzen Tag beschäftigte, dann ist es genau richtig. Das ist die perfekte Erholung! Spielen Sie allein oder treffen Sie sich mit anderen zum Spielen. Hauptsache, Sie schalten ab und verhalten sich ganz anders als sonst. Kinder nehmen nichts so ernst wie ein Spiel. Machen Sie es ihnen nach! Denn nur wenn Sie sich konzentrieren, wenn Sie vollständig in der Rolle der Spielerin aufgehen, ist das Spiel eine magische und gleichzeitig so einfache Möglichkeit, sich zu erholen und dabei Spaß zu haben.

Dieses »In-das-Spiel-Versenken« ist das Wesentliche. Spielen ist genau wie Träumen eine Parallelwelt, in die wir uns zur Abwechslung und Entspannung begeben können. Es gelten andere (Spiel-)Regeln, und wir können uns komplett anders verhalten. Wir können eine andere Rolle annehmen, ein anderer Mensch sein oder zur Abwechslung uns ganz natürlich verhalten, so wie wir sind und wie wir es als Kind waren.

Erfolg zum Greifen nah –
Machen Sie etwas mit Ihren Händen

Viele Menschen arbeiten heutzutage fast nur noch mit dem Kopf. Leider hat die Kopfarbeit auch viele Nachteile. Neben den Rückenschmerzen, weil man sich zu wenig bewegt, ist ein großes Manko: Sie können als »Kopfarbeiter« die Ergebnisse Ihrer Arbeit kaum sehen und im wahrsten Sinne des Wortes nicht »begreifen«.

Umso wichtiger ist es, in der Freizeit zur Abwechslung etwas ganz anderes zu unternehmen. Wer es im Alltag vermisst, körperlich tätig zu sein, und Ergebnisse anfassen möchte, muss aufpassen, dass er in der Freizeit nicht automatisch ähnliche Dinge tut wie im Berufsleben. Die Verführung ist groß, schließlich haben wir versucht, einen Beruf zu finden, in dem wir das machen können, was wir gerne tun. Unterscheidet sich aber das Verhalten in Beruf und Freizeit nicht, oder nur minimal, ist es nur schwer möglich, sich von den Anstrengungen des Alltags in der Freizeit zu erholen. Wann haben Sie zuletzt etwas mit den Händen gearbeitet? Ich musste erst lange nachdenken, als mir eine Freundin vor einiger Zeit eben diese Frage stellte. Bei meinem letzten Umzug hatte ich eine überraschend positive Erfahrung gemacht. Vor der Freude am neuen Zuhause stand einiges an körperlicher Arbeit an. Zu-

nächst graute es mir davor. Es galt nicht nur zu packen und auszusortieren, sondern es musste auch noch einiges renoviert werden. Merkwürdigerweise machte mir das Renovieren sogar Spaß. Ich könnte mir nicht vorstellen, auf Malerin oder Tapeziererin umzuschulen, aber ich fand es toll, am Abend alle meine Knochen zu spüren und auf ein sichtbares Erfolgserlebnis zu schauen. Das überraschte mich!

Allerdings blieb es bei dieser Ausnahmesituation. Ich bin einfach keine Bastlerin. Es macht mir keinen Spaß, ein Regal aufzuhängen oder einen Stuhl zu bauen. Aber das ist kein Beinbruch. Es gibt so viele andere Sachen, die man ausprobieren kann. Von ohne viel Aufwand selbst gemachtem Schmuck bis zu selbst gebrautem Bier gibt es so vieles, das Sie mit Ihren Händen tun können, um anschließend ein Ergebnis zu bewundern! Ich war selbst von mir erstaunt, als ich nach zwanzig Jahren die Stricknadeln hervorkramte, um Puppenkleider für mein Patenkind zu stricken. Aber sieh' an: Ich konnte es noch. Aus mir wird wohl keine leidenschaftliche Strickerin, die jeden Abend nadelnklimpernd vor dem Fernseher sitzt. Aber ich bin ganz schön stolz auf mein Werk. Kurze Zeit später hatte ich meine »Lieblings-Freizeit-Gestaltung-mit-Ergebnis-zum-An-fassen« gefunden: Beim Kochen kann ich mich am besten entspannen. Ich finde es prima, dass man in relativ kurzer Zeit ein passables Ergebnis erzielen kann, das anschließend sogar Genuss bereitet. Nichts entspannt mich so sehr wie Risotto rühren. Und nichts ist für mich besser zum Aggressionsabbau, als mit Vehemenz Möhrchen zu schnippeln.

Ich habe meine Leidenschaft gefunden, meine »Arbeit« in der Freizeit. Doch ich bin immer wieder neugierig, was es noch Neues zu entdecken gibt, weil mir die Nachteile meiner beruflichen Kopfarbeit deutlich bewusst sind. Kein Wunder, dass ich manchmal abends Kopfweh habe, weil mein Kopf viel zu viel arbeitet und ich ihm zu selten Pause gönne. Der Rest meines Körpers sehnt sich danach, auch zum Einsatz zu kommen. Etwas herzustellen, entspannt wesentlich mehr, als vor dem Fernseher abzuhängen!

Schauen auch Sie sich um, was Sie »mal wieder mit den Händen« tun können, und freuen Sie sich an dem Erfolgserlebnis, wenn Sie Ihr Werk sehen und »begreifen« können.

EXTRA-TIPP

Apropos Erfolg…

→ Falls Sie an Gott, das Universum oder andere Kräfte glauben, die uns behilflich sind, dann feiern Sie Ihre Erfolge, indem Sie Danke sagen. Egal, wer der Adressat ist, »er« oder »es« wird sich ganz sicherlich über Ihren Dank freuen und Ihnen auch das nächste Mal wieder hilfreich zur Seite stehen, wenn Sie eine Aufgabe vor sich haben.

Auch gegenüber anderen Menschen sollten Sie mit Dank nie geizig sein. Sie müssen ja nicht gleich in unendliche Lobeshymnen ausbrechen oder sich jedes Mal mit einem Geschenk revanchieren. Sagen Sie einfach, und von Herzen, stets Danke, wenn jemand nett zu Ihnen war oder Ihnen einen Gefallen getan hat. Dann wird er oder sie es immer wieder gern für Sie tun.

7

Gesund
und munter

→ Gesundheit ist unser wertvollstes Gut. Höchste Zeit, dass Sie auch einmal an sich denken und sich verwöhnen (lassen) ! Den Alltag wie ein Profi zu meistern und dabei auszusehen wie eine strahlende Diva, schaffen Sie nur, wenn Sie gut zu sich selbst und bei Kräften sind. Aus der gesunden Balance von Körper und Seele schöpfen Sie Ihre wertvolle Energie.

Lassen Sie sich nicht unter Druck setzen

Viele Menschen klagen über Stress. Sie beschweren sich darüber, dass jeder andauernd etwas von ihnen will, sie nie das Gefühl haben, mit ihrer Arbeit und ihren ganzen privaten To-do-Listen fertig zu werden, und sie ständig mit hechelnder Zunge durch die Gegend hetzen müssen. Diese Menschen leben fremdbestimmt. Vielleicht werden Sie mir jetzt entgegnen: »Das ist doch normal! Als erwachsener Mensch unterliegt man eben bestimmten Zwängen, die man einfach erfüllen muss, und überhaupt wird unsere Gesellschaft doch insgesamt immer schneller und anspruchsvoller.« Ja, Letzteres stimmt. In der Tat leben wir in einer Zeit der Beschleunigung und immer größer werdender Komplexität. Doch wir haben die Wahl: Wir können uns hinsetzen und weinen, oder wir nehmen unser Leben in die Hand und gestalten es.

Das Leben gestalten bedeutet, dass Sie möglichst viele Entscheidungen selbst treffen, anstatt immer nur zu tun, was die anderen von Ihnen erwarten oder Ihnen auftragen. Klar, das geht nicht in allen Situationen. Aber obwohl wir in vielen Verpflichtungen stecken, haben wir die Möglichkeit, jede einzelne daraufhin zu überprüfen, wie viel Wahlfreiheit in ihr steckt. Sie werden erstaunt sein, wie viel mehr Möglichkeiten Sie haben, als Sie zunächst vermuten.

Innerhalb jeder Aufgabe können Sie Prioritäten setzen, egal ob Sie mit Familienmanagement beschäftigt sind oder an

8

Ihrem Schreibtisch im Büro sitzen. Letztlich müssen Sie jede Woche und jeden Tag eine Liste der Dinge schreiben (oder im Kopf haben), die zu erledigen sind. Dass diese Dinge anstehen, lässt sich oft nicht ändern, aber Sie haben doch Gestaltungsraum. In der Regel können Sie zumindest bestimmen, in welcher Reihenfolge Sie sie erledigen und mit welcher Intensität.

Etwas, das mir bei der Priorisierung meiner Aufgaben sehr hilft, ist die Eisenhower-Methode. Der ehemalige Präsident der Vereinigten Staaten ging folgendermaßen vor, um nicht in einem Wust von Aufgaben, die er zu erledigen hatte, unterzugehen. Er unterschied alle Aufgaben in »dringend« und »wichtig«. Die meisten Menschen treffen diese Unterscheidung

AHA!

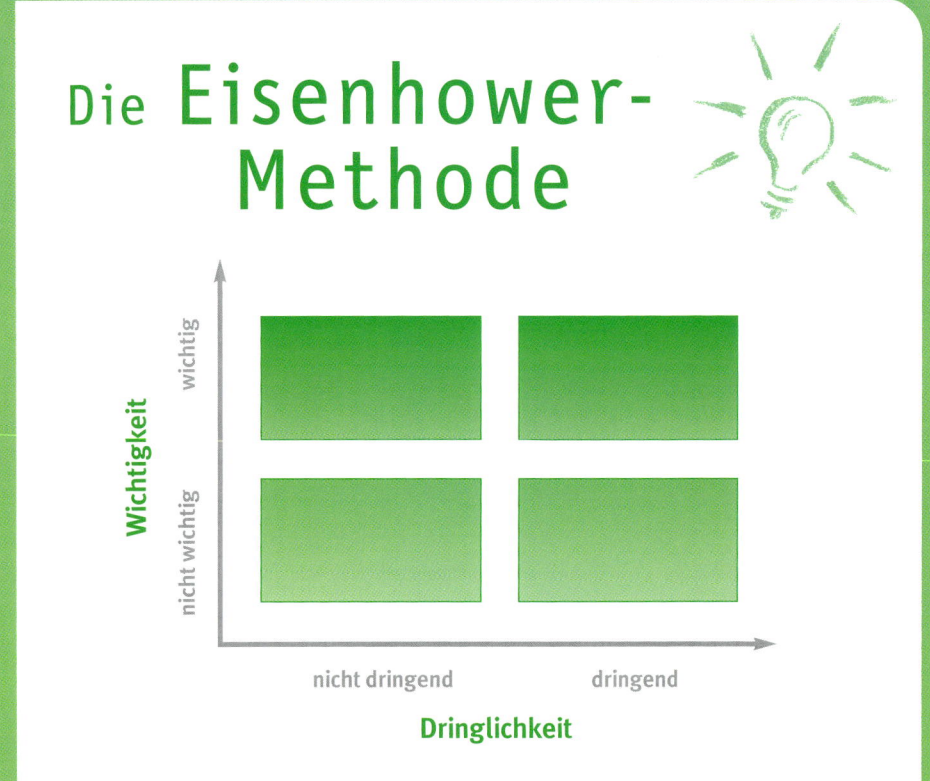

Die **Eisenhower-Methode**

Wichtigkeit

wichtig

nicht wichtig

nicht dringend   dringend

Dringlichkeit

nicht. Für sie fühlt sich alles dringend und wichtig zugleich an. Aber das ist nicht wahr. Es gibt wichtige Aufgaben, die erledigt werden müssen, aber nicht sofort. Wenn Sie zum Beispiel am übernächsten Sonntag auf einer Hochzeit eingeladen sind und dafür noch ein Geschenk brauchen, müssen Sie es nicht unbedingt heute besorgen. Das Geschenk an sich ist wichtig und steht nicht zur Debatte. Die Frage ist nur, ob Sie gleich losstürmen müssen oder diese Aufgabe auf einen der nächsten Tage verschieben können.

Wenn etwas wichtig, aber nicht dringend ist, bestimmen Sie einen konkreten Termin, wann Sie diese Aufgabe erledigen, statt gleich loszuspringen. Dabei ist es notwendig, dass Sie sich an die Absprachen mit sich selbst halten, denn sonst landen Sie ganz schnell bei der bekannten »Aufschieberitis« und bekommen gar nichts mehr erledigt. Also, Wäsche-Bügeln ist wichtig, aber nicht dringend, solange Sie noch drei gebügelte Blusen im Schrank hängen haben. Sie können sich also überlegen, ob Sie lieber heute, morgen, übermorgen oder zur Not auch erst in vier Tagen vor dem Frühstück bügeln. Vereinbaren Sie einen Termin mit sich selbst und halten Sie sich daran. Schreiben Sie sich diesen Termin wahlweise in den Kalender oder hinter die Ohren und vergessen die zerknitterte Wäsche und das damit verbundene schlechte Gewissen – es ist überflüssig! Es gibt sicherlich eine Aufgabe, die gerade ihre volle Konzentration benötigt und auf Ihrer Prioritätenliste weiter oben steht.

Ist etwas dringend, aber nicht wichtig, sollten Sie dafür sorgen, dass es schnell erledigt wird. Gleichzeitig sollten Sie sich fragen, ob Sie unbedingt selbst diese Angelegenheit übernehmen müssen. »Nicht wichtig« heißt in diesem Zusammenhang oft: »Muss nicht mit Ihrem Spezialistinnen-Know-how erledigt werden.« Viele Aufgaben kann man gut delegieren. Wer sagt denn, dass Sie noch mal aus dem Haus müssen, weil Sie beim Einkaufen etwas vergessen haben? Das kann doch auch Ihr Mann übernehmen. Er wird in der Lage sein, mit einem klar formulierten Einkaufszettel das Nötige zu besorgen. Wenn etwas Ihrer Meinung nach nicht wichtig ist, sollten Sie sich nicht damit belasten. Klar könnten Sie das »eben schnell« tun, aber dann haben Sie keine Zeit, eine andere Aufgabe, die Ihnen wichtiger ist, zu erledigen. »Dringend« ist nicht das Gleiche wie »wichtig«! Wenn etwas wirklich wichtig und zugleich dringend ist, muss man es eben machen, und zwar sofort. Aber passen Sie auf, dass dieser Teil der Liste nicht doch wieder zu lang wird, und überprüfen Sie, ob einige der Aufgaben nicht eher in andere Kategorien fallen, die Sie delegieren, später erledigen oder ganz sein lassen können.

8

Nie mehr »mal eben schnell«

In einer Unternehmensberatung, in der ich früher gearbeitet habe, war es üblich, Kollegen »mal eben schnell« um etwas zu bitten. Diese Delegationen stellten sich in der Regel als aufwändiger dar als die Redewendung vermuten ließ. Zunächst ließ ich das mit mir machen, was in häufigen Überstunden ausartete. Nach einer Weile hatte ich genug davon.

Versuchen Sie jedes Mal, wenn Sie ein Kollege oder eine Nachbarin um einen Gefallen bittet, herauszubekommen, wie viel Aufwand dieser Gefallen genau bedeuten würde. Haken Sie nach, was der andere von Ihnen in welcher Art und Weise erwartet. Außerdem sollten Sie herausfinden, bis wann genau er oder sie diese Zuarbeit benötigt. Häufig wird schnell deutlich, dass die verlangte Arbeit umfangreicher und nicht »mal eben schnell« zu erledigen wäre. Doch es ist meist nicht schwer, sich zu einigen: Vielleicht kann Ihre Nachbarin Ihnen dafür etwas abnehmen, was Sie sehr ungern tun oder was Ihnen schwerfällt? Meist funktioniert der Austausch Gefallen gegen Gefallen gut, sobald Ihre Mitmenschen realisieren, dass Ihnen Ihre Zeit wichtig ist und man Sie nicht mehr mit vagen Bitten »verfreiwilligen« kann.

Wenn Ihnen jemand in Ihre Prioritäten reinfunkt, geben Sie Widerwort. Erläutern Sie Ihre Argumente und verhandeln Sie! Gegen Störungen müssen Sie sich wappnen. Man hat sich zum Beispiel gerade eine hübsche Prioritätenliste gebastelt und genau eingeteilt, wann man was erledigen will, prompt klingelt das Telefon. Sie haben die Wahl: Sie können drangehen oder nicht. Wenn Sie das Gespräch annehmen und Ihnen Ihre Freundin mal wieder stundenlang vorheult, dass alle Männer Verbrecher sind, fragen Sie sich, ob diese Unterhaltung für Sie tatsächlich wichtig und dringend ist. Es gibt Alternativen dazu, sich einfach vollquatschen zu lassen.

→ Sie könnten Ihrer Freundin sagen, dass Sie nicht lange telefonieren können, da Sie in zehn Minuten aus dem Haus müssen.

→ Sie könnten Ihrer Freundin sagen, dass Ihnen ihr Anliegen wichtig ist, dass Sie aber im Moment dringendere Dinge zu erledigen haben und Sie deswegen am gleichen Abend noch mal anrufen werden.

→ Ist Ihnen das Thema lästig, weil Ihre Freundin Ihnen nun schon seit Wochen das Gleiche erzählt, ohne auch nur ein bisschen zu lernen und etwas an ihrer Situation zu ändern? Dann gehört das Zuhören nicht auf Ihre Prioritätenliste, weil Ihnen das Thema nicht mehr wichtig ist und nicht drängt. Also sagen Sie Ihrer Freundin, dass Sie sie mögen, aber dass das Thema nun wirklich zur Genüge besprochen sei. Verteidigen Sie Ihre wertvolle Zeit. Lassen Sie nicht einfach alles mit sich machen, denn wenn Sie zu nachgiebig sind, verfügen andere Menschen über Ihre Zeit. Dann sind Sie fremdbestimmt. Früher oder später fühlt sich jeder Mensch gestresst, wenn immer nur die anderen bestimmen, was gerade getan werden muss.

Nutzen Sie jede Gelegenheit, sich zu bewegen

Alle leidenschaftlichen Sportlerinnen können diesen Tipp einfach überblättern, da sie ihn sowieso intuitiv beherzigen. Hier geht es um die Menschen, die – so wie ich – immer oder immer wieder den inneren Schweinehund verspüren, der lauthals »Unsinn!« ruft, wenn man an Sport denkt. Bei mir ist es nicht immer so. Es gibt durchaus Zeiten in meinem Leben, in denen ich sportlich bin. Dann schwärme ich morgens allen Menschen vor, wie wach und fit ich mich im Gegensatz zu ihnen fühle, weil ich vor der Arbeit schon gelaufen bin. Leider sind solche Lebensphasen bei mir eher der Ausnahmezustand. Sie halten ein paar Wochen oder Monate an; sobald sich aber aufgrund einer Verletzung, beruflicher Termine oder anhaltender Schlechtwetterperioden ein Schlendrian einstellt, treibe ich seltener Sport, bis ich wieder in mein altes, bequemes Leben zurückfalle und zu einem Couch-Potato mit Vorliebe fürs Lesen werde.

Und trotzdem ist mir natürlich klar, dass nur herumzusitzen und sich kluge Gedanken zu machen nicht sonderlich gesund ist.

8

Der menschliche Körper ist es von jeher gewohnt, in Bewegung zu sein, und »wundert« sich, wieso er heutzutage so viel sitzen muss. Leider hat sich seit der Zeit, als wir durch die Steppe auf der Suche nach Nahrung streiften, nur unsere Umwelt, nicht aber unser Körper verändert. Unser Körper glaubt immer noch, wir müssten uns viel bewegen, um unser Überleben zu sichern, und hat noch nicht kapiert, dass es an jeder Ecke einen Supermarkt gibt.

Wenn ich, in meinen unsportlichen Phasen, über Sport nachdenke, schüttelt es mich, denn ich habe ein Vollzeitprogramm vor Augen: dreimal die Woche Sport – ohne Ausreden. Das schreckt natürlich ab. Drei Abende die Woche opfern? Huch, welche Abende nehme ich denn? Meist ist die Woche doch schon im Vorfeld komplett verplant! Weil in meiner nächsten Woche keine drei Sporttermine mehr in den Plan passen, gebe ich mein Vorhaben wieder auf, statt überhaupt anzufangen. Am besten habe ich mich mittlerweile mit der »mittleren Sportlichkeit« arrangiert. Damit meine ich, die Mitgliedschaft in einem Sportstudio zu vermeiden und die Laufschuhe unter dem Bett liegen zu lassen, aber gleichzeitig im Alltag immer wieder nach Bewegungsmöglichkeiten zu suchen. Ihre erste Aktion könnte sein, Ihr Fahrrad einer Inspektion unterziehen zu lassen. Ich habe gemerkt, dass ich mich ausreichend bewege, wenn ich, so gut es geht, alle Strecken mit dem Rad fahre, wenn ich Rolltreppen und Aufzüge vermeide, und wenn ich alles spontan erledige, was mir gerade einfällt. Den letzten Punkt verstehen Sie nicht? Das ist ganz einfach: Wenn ich zum Beispiel daran denke, ob die Post schon da war oder dass man den Müll runterbringen müsste, mache ich das. Ich springe vom Schreibtisch oder Sofa auf und laufe vier Treppen runter und vier Treppen wieder rauf, und schon habe ich ein kleines Sportprogramm absolviert. Das ist auch gut gegen Verspannungen im Nacken. Wenn ich an meinem Notebook sitze und vor mich hin tippe, bin ich irgendwann völlig »eingefroren« und sitze versteift da. Gut, wenn mir dann einfällt, dass ich Lust auf eine Tasse Tee habe! Gleich mal nachsehen, ob ich nicht auch die Geschirrspülmaschine aus- oder einräumen könnte oder Ähnliches – schwupps, bewege ich mich und löse die Verspannungen gleich mit.

Kleiner Aufwand, große Wirkung: Eine Studie der Mayo Klinik zeigt, dass schon kleine Alltagsaktivitäten, wie häufiges Aufstehen, Herumgehen, mit den Füßen wippen, sich Strecken, zur Radiomusik ein Tänzchen einschieben, die Wärmebildung des Körpers beeinflussen. Diese Alltagsaktivitäten zusammengenommen führen sogar zu einem effektiveren Stoffwechsel als ein Standard-Sportprogramm. Schlanke Menschen machen das automatisch, Übergewichtige könnten bereits durch minimale Verhaltensänderungen abnehmen. Kräftig Kalorien verbrennt man etwa, wenn man während des TV-Programms öfter aufsteht, sich in der Wohnung bewegt oder auch den Fahrstuhl links liegen lässt und die Treppe benutzt.

Der Kalorienverbrauch ist allerdings abhängig vom Körpertypus. Kein Mensch kann Ihnen pauschal sagen, wie viel Kalorien Sie genau verbrauchen werden. Beachten Sie die Spannweiten. Die Tabelle bietet nur eine ungefähre Orientierung. Ich weiß nicht, wie Sie das sehen, aber die Kalorienangaben sprechen meiner Meinung nach eindeutig für lustvolle Bewegungsarten wie Tanzen und Sex.

Seitdem mir klar geworden ist, dass Bewegung in den Alltag gehört, wenn man keine Lust auf miefige Turnhallen und teure Fitnessstudios hat, springe ich auf, wenn mir etwas einfällt. Es gibt tausend Möglichkeiten im Alltag. Sammeln Sie nicht alle To-dos für den Keller für eine große Aktion, sondern laufen Sie lieber dreimal die Treppen rauf und runter. Springen Sie auf und schalten Sie das Licht an, wenn es anfängt zu dämmern, statt sich die Augen zu verderben. Gehen Sie zur Toilette, schneiden Sie ein paar Grimassen im Spiegel und rollen Sie die Schultern, wenn Sie die Arbeit am Computer belastet. Gehen Sie in der Mittagspause raus statt in die Kantine und kaufen sich etwas in Ihrem Lieblingsgeschäft, auch wenn man dahin fünfzehn Minuten laufen muss. Verführen Sie Ihren Liebsten, statt ein langweiliges Fernsehprogramm zu schauen. So nutzen Sie jede Gelegenheit, um sich zu bewegen. An den drei Abenden in der Woche können Sie immer noch etwas anderes tun.

» KALORIENVERBRAUCH FÜR EINE STUNDE BEWEGUNGEN IM ALLTAG

1 Stunde Radfahren	200–400 kcal
1 Stunde Hausarbeit	360–500 kcal
1 Stunde Gartenarbeit	200–400 kcal
1 Stunde Treppensteigen	400–700 kcal
1 Stunde Tanzen	500–750 kcal
1 Stunde Sex	350–800 kcal

8

Hüten Sie sich
vor dem Jo-Jo-Effekt

Immer wieder hört man, dass Frauenzeitschriften eine größere Auflage haben, wenn sie eine neue Diät auf dem Titel versprechen. Und ich kenne eigentlich keine Frau, die nicht immer mal wieder auf Diät ist. Da kommt mein gesunder Menschenverstand schnell zu dem Schluss, dass Diäten nicht funktionieren, wenn es jedes Jahr wieder »neue« Variationen gibt und niemand in meiner Umgebung dauerhaft schlanker geworden ist.

Ich weiß, dass man abnehmen kann. Es ist ganz einfach. Man muss nur weniger essen und sich mehr bewegen. Wenn man das ein paar Tage oder Wochen durchhält, nimmt man ab. Bei mir hat das wunderbar funktioniert. Nur leider war der Erfolg nicht von Dauer. Langfristig habe ich es einfach nicht geschafft, diszipliniert mehrmals die Woche zum Sport zu gehen und auf lustvolle Schmankerl zu verzichten. Hinzu kam der Jo-Jo-Effekt. Wenn Sie nach einer Diät Ihr Verhalten wieder ändern, nehmen Sie auch wieder zu – meistens mehr, als Sie vorher abgenommen haben. Das ist unangenehm und vor allen Dingen ungesund. Es gibt diverse Untersuchungen darüber, dass Abnehmen und das anschließende Wieder-Zunehmen sehr anstrengend für den Körper sind, zu

schwerwiegenden Krankheiten und damit sogar zum Tode führen können. Aber darüber wird in den Medien selten berichtet. Ich bin hochgradig irritiert, dass Ärzte, Politiker und Medien das Dicksein als Hauptursache für fast alles ins Feld führen. Sie haben Rückenschmerzen? »Ja, das kommt von den Kilos, die Sie zu viel haben.« »Sie haben ein anderes Zipperlein? Ja klar, Sie sind zu dick!« Mir scheint, als würden Menschen immer dann, wenn sie keine schlüssige Erklärung für bestimmte Krankheiten haben, einfach das Übergewicht als Grund angeben. Natürlich werden Statistiken zu Hilfe genommen, in denen der Zusammenhang von diesem und jenem untersucht wird. Aber auch ein statistischer Zusammenhang kann willkürlich gewählt werden. Wie wäre es, wenn wir zur Abwechslung die Neigung zu Herzinfarkten mit der Schuhgröße oder Haarfarbe in Zusammenhang bringen würden?

Von mir aus kann jeder eine Diät machen, wenn er sich unwohl fühlt. Warum auch nicht. Wer etwas an seinem Leben ändern will, der sollte das unbedingt tun und nicht herumsitzen und jammern. Ich fürchte nur, dass sich genau bei diesem Vorhaben langfristig nicht der gewünschte Erfolg einstellt, weil es den wenigsten Menschen gegeben ist, gegen ihre Bedürfnisse anzukämpfen. Eine Diät ist immer eine Kopfentscheidung. Sie kann aus einem körperlichen Bedürfnis resultieren, wenn Sie zum Beispiel feststellen, dass Sie beim Treppensteigen im zweiten Stock schon anfangen zu schnaufen. Meistens ist es aber eine Entscheidung, die von äußeren Faktoren motiviert ist: Sie wollen so aussehen, wie man angeblich auszusehen hat, um attraktiver zu sein und geliebt zu werden. Leider ist es so, dass sich Schönheitsideale im Laufe der Zeit verändern. Spätestens seit den Siebzigerjahren ist »schlank« angesagt. Also werden wir, wo immer wir hinsehen, mit einem Frauen- und mittlerweile auch Männerbild konfrontiert, das schlank und schön sein soll. Dabei gibt es so viele unterschiedliche Menschen. Ich kenne Große und Kleine, Junge und Alte, Dicke und Dünne und ganz viele, die irgendwo dazwischenliegen. Es herrscht Vielfalt im richtigen Leben, obwohl uns die Medien vorgaukeln, alle sollten gleichermaßen rank und schlank, jugendlich und faltenfrei schön sein.

Gegen dieses vereinheitlichende Bild wehre ich mich. Ich möchte gar nicht, dass alle Frauen so aussehen wie die Frauen in den Zeitschriften oder der Werbung. Diese Vereinheitlichung verleugnet eine simple Tatsache des Lebens: »Alles fließt«, wie schon der griechische Philosoph Heraklit

sagte. Das Leben ist Veränderung. Wir altern nunmal, wir bekommen Falten und nehmen mit den Jahren zu. Das ist so und gehört zum Leben dazu. Doch indem wir ewige Jugend anstreben, verneinen wir das Altern und den dazugehörigen Tod. Ist es nicht beängstigend, wie eine Gesellschaft mehr und mehr verdrängt, dass wir sterben müssen? Wie sollen wir mit dieser unausweichlichen Tatsache klarkommen, wenn alle so tun, als wäre es möglich, ewig faltenfrei zu leben?

Für Dr. Ulrike von Herz (ulrike.von-herz@web.de) stand die Leidenschaft zum Kochen am Anfang. Mittlerweile bietet die promovierte Ernährungswissenschaftlerin Ernährungstherapie an und ist immer aufs Neue fasziniert davon, wie diese Krankheiten verhindern und Symptome lindern kann.

Wie würden Sie gesunde Ernährung definieren?

Gesunde Ernährung ist die Kombination aus vernünftiger Lebensmittelauswahl und einem dazu passenden Lebensstil. Wer gerne Schokolade ist, sollte eben öfter mal Radfahren. Gesunde Ernährung hat nichts mit bestimmten Lebensmitteln wie Apfel oder Knäckebrot zu tun, denn: Wer zu viel Pommes isst, nimmt auch dann zu, wenn er morgens einen Apfel nach dem Frühstück gegessen hat.
Der Körper braucht natürlich auch frische Lebensmittel, wie zum Beispiel Obst oder Gemüse. Man sollte jedoch kein Dogma daraus machen!
Es gibt außerdem Menschen, die bestimmte Lebensmittel nicht vertragen. Dann ist es einfach nicht gesund, wenn sie diese Lebensmittel, sei es Vollkornbrot, Joghurt oder Himbeeren, essen.

Es gibt also nicht »die gesunde Ernährung für alle«, sondern Sie betrachten die Ernährung in Zusammenhang mit dem Leben der jeweiligen Person, die Sie beraten?

Genau. Wenn ich versuche, mir ein Bild von dem Lebensstil einer Person zu machen, dann frage ich, wie viel sie sich bewegt. Ich untersuche, wie sie mit Stress umgeht. Ich schaue mir das ganze Verhalten an, frage mich, ob die Klientin genießen kann.
Und dann versuche ich herauszufinden, ob die Ernährung auch manchmal als Ersatz benutzt wird. Ob die Klientin zum Beispiel regelmäßig bei Frust isst. Alle diese Faktoren sind wichtig, um mit ihr gemeinsam zu erarbeiten, was für sie gesunde Ernährung bedeutet und was sie verändern kann.

Müssen wir, um gesund zu leben, jetzt nur noch in teurere Bio-Nahrungsmittel investieren?

Ich empfinde es eher als Ausrede, wenn die Menschen mir erklären, dass sie sich deswegen nicht gesund ernähren können, weil sie sich »Bio« nicht leisten können. Gesund ernähren heißt erst mal, sich mit allen Nährstoffen zu versorgen. Das ist mit einer abwechslungsreichen Ernährung, egal wo sie gekauft wird, möglich.

Gibt es einen Zusammenhang zwischen ungesunder Ernährung und Übergewicht?

So einfach würde ich das nicht sehen wollen. Viele Menschen nehmen zu oder sind übergewichtig, weil sie sich nicht bewusst ernähren. Das ist aber eher eine Frage der Priorität und des Lebensstils und nicht ein Problem mit bestimmten Lebensmitteln. Ein Mensch, der schlank ist, nur weil er raucht, lebt ungesünder als ein übergewichtiger Nichtraucher, der sich viel an der frischen Luft bewegt. Jeder sollte sich bewusst entscheiden, wie viel Aufmerksamkeit und Zeit er für gesunde Ernährung und einen gesunden Lebensstil investieren will. Kochen mit frischen Zutaten ist nun mal aufwändiger als die Zubereitung eines Fertiggerichtes in der Mikrowelle. Wenn ich nach einer langen Phase von Geschäftsreisen und Restaurantbesuchen wieder zu Hause bin, liebe ich es aber, auf den Markt zu gehen und mir Kartoffeln zu kochen und einen frischen Kräuterquark zu machen. Ein gutes Essen ist mir dann oft

wichtiger als eine saubere Wohnung. Es ist wichtig, dass jemand in der Familie Verantwortung für die bewusste Ernährung der Familie übernimmt, zum Beispiel regelmäßig kocht und den Kindern ein Pausenbrot schmiert. Gibt es diese »Instanz« nicht, dann tritt das Bewusstsein für gesunde Ernährung immer mehr in den Hintergrund. Man kann auch berufstätig sein und sich und die Familie trotzdem gesund ernähren, aber es ist eben ein bisschen aufwändiger. Eine Lösung ist es, zum Beispiel eine gute Tagesmutter zu suchen, die die Mutter (oder den Vater) auch in dieser Hinsicht vertritt.

Finden Sie, dass jeder Übergewichtige eine Diät machen muss?

Ich laufe nicht durch die Welt und predige, dass alle abnehmen müssen. Warum auch? Es gibt verschiedenartige Körpertypen, die unterschiedlich aussehen und unterschiedlich viel wiegen. Ärzte sprechen oft viel zu schnell von Übergewicht. Hierbei wird oft die Körperzusammensetzung und Körperkonstitution außer Acht gelassen. Viele Bodybuilder würden als übergewichtig eingestuft werden, wenn man nur aufs Gewicht schaut. Nicht jeder muss dünn

8

sein. Alte und kranke Menschen müssen beispielsweise etwas auf den Knochen haben.

Ich zeige Menschen, wie sie ihre Ernährung und ihr Leben ändern können, wenn sie mit einem konkreten Problem zu mir kommen. Ab einem gewissen Grad kann ein Ungleichgewicht zwischen Ernährung und Lebensstil tatsächlich zu einem Krankheitsrisiko werden.

Welche Probleme könnten das zum Beispiel sein?
Diabetes-Typ-2 ist ein ganz klassisches Beispiel für eine krankhafte Manifestation von falscher Ernährung und Bewegungsmangel. Eine Klientin kam auch mit einer entzündeten Fettleber zu mir. Im Laufe unseres Gespräches ergab sich schnell ein Bild von ihrem Leben: eine typische Karrierefrau, die tagsüber oft nicht zum Essen kommt, den ganzen Tag in Meetings sitzt und dort die ewig gleichen Kekse isst und abends viel mit Kunden essen gehen muss. Natürlich riet ich ihr auch dazu, keinen Alkohol zu trinken. Was aber ihr Leben und ihre Leberwerte einfach und doch so wirksam und innerhalb von sechs Monaten änderte, war, dass sie tagsüber ihr mitgebrachtes Brot, geschnippeltes Gemüse und Obst aß statt die Besprechungskekse.

Warum wollen viele Menschen unbedingt abnehmen?
Sie denken, sie müssten in eine bestimmte Form passen. Sie glauben, dass ihr Leben automatisch besser wird, wenn sie ein bestimmtes Gewicht erreichen. Sie sind dann sehr empfänglich für einfache Ratschläge. Eine Diät ist ein Versprechen. Es ist so angenehm zu glauben, dass man, wenn man ein bestimmtes Gewicht erreicht hat, automatisch jünger aussieht, attraktiver wirkt und obendrein auch noch erfolgreicher ist.

Stichwort Jo-Jo-Effekt bei Diäten. Wieso wiegt man ein paar Wochen oder Monate nach einer Diät mehr als vor dem Abnehmen?
Diäten sind oft zu einfach. Zeitschriften und Bücher suggerieren, dass man nur ein paar Wochen lang auf bestimmte Dinge verzichten und irgendetwas anders machen muss, und dann ist alles gut. Menschen wollen oft ein Problem nicht lösen. Sie wollen, dass es gelöst wird. Dazu brauchen sie ein schnelles

Erfolgsrezept wie eine Diät, die ihnen vorschreibt, was sie vier Wochen lang machen müssen. Allerdings kann das gar nicht funktionieren, weil nach der Diät, nach dem Ausnahmezustand, weitergemacht wird wie vorher.

Eine phänomenale Ausnahme ist allerdings Trennkost: Trennkost ist eine Veränderung des Lebens in schöner Verpackung. Eigentlich ist es nichts anderes als bewusste Ernährung. Man kann wunderbar erzählen: »Ich mach jetzt Trennkost«. und macht eigentlich nichts anderes, als sich vielleicht zum ersten Mal im Leben – und dann hoffentlich auch dauerhaft – bewusst mit Ernährung auseinanderzusetzen. Die wissenschaftliche Theorie dahinter ist Blödsinn. Aber das macht nichts, da man ausreichend Nährstoffe zu sich nimmt, nur eben getrennt.

Heißt denn bewusste Ernährung, auf Dauer auf alles Schöne, Leckere und Genussvolle zu verzichten?
Es geht nicht um die Extreme. Viele Menschen kommen zu mir und sagen: »Ich habe gesündigt.« Damit wird Essen zur Todsünde wie Wollust und Völlerei, der man nur mit eiserner Disziplin begegnen kann. Essen wird zu etwas Negativem gemacht, das es zu vermeiden gilt. Dabei ist Essen doch wie Liebe etwas sehr Schönes! Mir geht es darum, dass die Menschen einen für sich passenden Lebensstil finden und sich in der angenehmen Mitte zwischen Sünde und Disziplin frei bewegen. Ich ermutige »die kleinen Sünden« zu genießen, da ich davon überzeugt bin, dass echter Genuss der beste Weg zurück zum physiologischen Hunger- und Sättigungsgefühl ist. Da das schlechte Gewissen nicht auf Dauer der Ersatz für die Signale unseres Organismus sein kann, sollte man lernen, dass nicht jede »Sünde« mit »Dicksein« bestraft wird. Ein kleines Schmankerl zwischendurch erhöht die Motivation, eine gesunde Ernährung langfristig beizubehalten. Man hat nicht mehr das Gefühl, etwas zu entbehren. Es ist gut, Verantwortung für den eigenen Lebensstil zu übernehmen und sich nicht für Sünden zu schämen. Wussten Sie eigentlich, dass man ungefähr 14 Tafeln Schokolade essen muss, um 1 Kilo Körpergewicht zuzunehmen? Denn 14 Tafeln Schokolade entsprechen 7000 kcal. Um 1 Kilo Körpergewicht abzunehmen, bräuchte man im Gegenzug 2,5 Tage Nulldiät – aber ein Tag wäre schon Quälerei genug.

8

Wer ein bisschen weiser werden möchte, wer ein zufriedenes und selbstbewusstes Leben führen möchte, muss sich der Erkenntnis stellen, dass das eigene Leben einmal ein Ende hat. Neben allen Veränderungen, die wir willentlich verwirklichen, um ein reicheres Leben zu führen, gibt es auch Veränderungen, die einfach so passieren und zum Leben dazugehören. Darunter fallen das Altern, Krankheiten und der Tod. Wir leben nicht in einer Gesellschaft, die alles im Griff hat, die Krankheiten mechanisch besiegen kann und den Tod abgeschafft hat. Wir alle werden altern und sterben. Auch das ist ein Teil des Lebens. Genau deshalb gilt es, den Machbarkeitswahn abzulegen und bewusst zu entscheiden, welche Veränderungen man bewirken möchte und welchen Preis man dafür zu zahlen bereit ist.

Diäten sind möglich, auch wenn der Jo-Jo-Effekt droht. Man kann sich von einem Pummelchen zu einem dauerhaft schlanken Menschen verändern, aber dafür muss man sein Leben langfristig konsequent umstellen. Sie können diesen Weg gehen, wenn Sie das so wollen und Ihre Entscheidung BEWUSST getroffen haben.

Wovor ich Sie bewahren möchte, ist, blind den Idealen zu folgen, die Ihnen tagtäglich suggeriert werden. Treffen Sie bewusste Entscheidungen, wie Sie Ihr Leben leben wollen, aber nicht aus einem defizitären Selbstwertgefühl heraus. Sie sind ein toller Mensch, auch wenn Sie ein paar Pfunde zu viel auf den Hüften haben! Es ist noch lange nicht bewiesen, dass Sie gesünder und länger leben, wenn Sie schlanker wären. Deswegen rate ich Ihnen, investieren Sie Ihre Energie in Projekte, die Sie wirklich weiterbringen, die Ihnen eine Herzensangelegenheit sind. Und wenn die Veränderung Ihres Körpers ein wichtiges Anliegen ist, schauen Sie doch mal, was Sie für Ihre Vitalität tun können, statt sich Ihren Defiziten zu widmen. Konzentrieren Sie sich auf gesunde Ernährung, die Ihrem Körper das gibt, was er braucht. Bewegen Sie sich mehr, aber stets so, dass es Spaß macht. Und schenken Sie sich eine Haltung, die das Leben genussvoller macht und Ihnen Kraft gibt.

Gesundes Essen macht Spaß

Essen hat zwei Funktionen: Nahrung ist eine wichtige Energiequelle für unseren Körper, aber essen ist auch Genuss. Beide Aspekte gilt es zu berücksichtigen, wenn wir bewusst etwas Gutes für uns und unseren Körper tun wollen.

Bei ihrem Auto sind viele Menschen nicht geizig. Sie kaufen das teuerste Öl, damit der Motor rund läuft. Merkwürdigerweise geben wir Deutschen aber immer weniger Geld für Nahrungsmittel aus. Ich finde grundsätzlich diese »Geiz ist geil«-Bewegung nicht richtig, denn warum sollte man Preise herunterhandeln, wenn man den Wert für einen Gegenstand, den man unbedingt haben will, schätzt. Bei Nahrungsmitteln finde ich diese Einstellung richtiggehend abartig. Wie kann man nur glauben, dass man wertvollen »Treibstoff« bekommt, wenn man alles immer billiger haben will? Ein kurzes Nachdenken reicht, um zu verstehen, was passiert: Damit die Nahrungsmittelproduzenten ihre Waren billiger anbieten können, müssen sie billigere Rohstoffe einkaufen. Was dann passiert, ist bekannt. BSE und Vogelgrippe sind, im wahrsten Sinne des Wortes, in aller Munde. Auch bei vielen anderen Lebensmitteln, die wir im Supermarkt kaufen, wird uns nur vorgegaukelt, dass es sich um gesunde Nahrung handelt. Dass sie fast nur noch künstlich hergestellte Stoffe enthalten, darüber wird nicht gesprochen. Ich wundere mich jedes Mal, wenn ich an einer Supermarktkasse stehe und anderen Menschen in den Einkaufswagen schaue. Mittlerweile überwiegen bei einer immer größeren Zahl von Menschen Fertiggerichte und Süßigkeiten. Es scheint, als

könne kaum noch jemand kochen oder mache sich Gedanken über das, was er seinem Körper zuführt. Ist es Unwissenheit oder Faulheit?

Können Sie Fruchtjoghurt essen, obwohl sich mittlerweile herumgesprochen hat, dass das, was so lieblich nach gesundem Obst schmeckt, nur »natürliche Aromen«, Bakterien und Pilze sind, die in riesigen Tanks gezüchtet werden? Oder wussten Sie, dass naturidentisches Vanillin aus den bei der Papierherstellung anfallenden Abwässern chemisch synthetisiert wird? Mit diesem Wissen schmeckt mir kein Fruchtjoghurt mehr. Mein Selbstwertgefühl lässt es nicht zu, mich derart täuschen zu lassen.

Und um den Selbstwert geht es! Viele Menschen leiden unter mangelndem Selbstbewusstsein und fragen sich, wie man dieses erhöhen kann. Ganz einfach: Bringen Sie sich selbst mehr Wertschätzung entgegen, indem Sie besser für sich sorgen. Das können Sie natürlich in vielen Bereichen tun; die Nahrung, die Sie Ihrem Körper zuführen, damit er funktioniert, gehört definitiv dazu. Indem Sie tagtäglich irgendwelche Dinge in sich hineinstopfen, ohne darauf zu achten, was es ist, geben Sie Ihrem Körper – und damit SICH SELBST – jedes Mal die Botschaft, dass Sie sich egal sind und dass Sie es nicht wert sind, sich etwas Gutes zu

8

gönnen. Das wirkt sich natürlich auf das Selbstwertgefühl aus!

Gesund essen ist etwas ganz Wunderbares und hat nichts mit der Einschränkung von Genuss zu tun. Im Gegenteil. Je vielfältiger Sie Ihre Nahrungsmittelauswahl gestalten, um so unterschiedlichere Möglichkeiten haben Sie, Ihre Geschmacksknospen zu reizen. Probieren Sie mal, wie frisches Bio-Obst der Saison schmeckt. Womöglich lassen Sie dafür anschließend immer öfter Pralinen links liegen.

Das Argument: »Im Bioladen einzukaufen kann ich mir nicht leisten«, lasse ich nicht gelten. Seien Sie ehrlich zu sich, und rechnen Sie mal korrekt. Fertigmahlzeiten, Snacks zwischendurch und Süßigkeiten kosten eine Menge Geld. Es ist Ihre Entscheidung, wie viel Sie von Ihrem Budget in frische und gesunde Lebensmittel investieren. Es ist eine Frage der Prioritäten, wofür man Geld ausgibt. Aber wenn Sie kraftvoller, schöner, energiegeladener und selbstbewusster sein wollen, kann ich Ihnen eine Investition in gesunde Ernährung nur empfehlen.

Gesundes Essen hat nichts mit drögen, geschmacklosen und schwer verdaulichen Vollkornbratlingen zu tun. Nichts gegen Vollkornbratlinge, ich esse sie sehr gern, wenn sie gut zubereitet sind, aber manchen Menschen schmecken sie eben nicht und andere vertragen sie nicht. Denn auch das ist ein Irrtum: Gesunde Ernährung bedeutet nicht für jeden Menschen das Gleiche. Die einen vertragen Milch nur schlecht, die anderen fühlen sich zu aufgebläht nach Hülsenfrüchten, obwohl beides als gesund gilt. Man muss nur ein bisschen ausprobieren, was sich für den Einzelnen gesund anfühlt und mit welcher Zubereitungsart der Genuss und die Verträglichkeit maximiert werden.

Das ist in der Tat Arbeit. Natürlich ist es aufwändiger, selbst zu kochen und neue Zubereitungsarten kennenzulernen. Wie viel einfacher ist es, Convenient-Fertigmahlzeiten und Süßigkeiten in sich hineinzuschaufeln! Packung auf – fertig. Die Entscheidung liegt bei Ihnen, wie viel Mühe Sie sich geben. Letztlich tun Sie es nur für sich – weil Sie es sich wert sind.

Die Power-Muskeln für jede Frau

Kennen Sie Ihren Beckenboden? Wenn nicht, sollten Sie diesen wertvollen Teil Ihres Körpers schleunigst kennenlernen.

Mit dem Beckenboden ist es wie mit vielen Dingen. Solange seine Muskeln funktionieren, nehmen wir sie nicht zur Kenntnis.

Deswegen wissen auch fast nur Frauen, die schon mal ein Kind geboren haben, oder inkontinente Menschen, dass sie einen Beckenboden haben. Es gibt eine Reihe von Zipperlein, die bei schwacher Beckenbodenmuskulatur auftreten können, doch oft bleibt die Ursache unentdeckt. Wer führt schon Verspannungen im Nacken, Rückenschmerzen, Schlappheit, Bauchschmerzen oder Verdauungsstörungen auf einen schwachen Beckenboden zurück? Wer immer häufiger beim Lachen oder Niesen von Tröpfchen im Schlüpfer geplagt ist, hat oft Hemmungen, einem Arzt oder einer Freundin davon zu erzählen. Dabei ist das Problem gut mit regelmäßiger Gymnastik und bewussten Bewegungsabläufen in den Griff zu bekommen.

Wo genau der Beckenboden liegt, ist für Laien sehr schwer zu erklären, aber es reicht, wenn Sie wissen, dass er im Unterleib liegt. Der Beckenboden ist ein System aus verschiedenen Muskeln. Sie sind eine Stütze für die Organe des Bauchraums. Und sie sind quasi »Türsteher« für einige Organe im Unterleib, da sich dieses komplexe Muskelsystem bei Bedarf öffnen und verschließen kann: zum Wasserlassen, für den Stuhlgang, beim Geschlechtsverkehr oder bei der Geburt. Das erklärt auch, wieso die meisten Menschen den Beckenboden erst bemerken, wenn er nicht mehr stark genug ist. Wenn wir zum Beispiel

schwer heben, husten oder niesen, dann hält der Beckenboden zusammen, was geschlossen gehört. Ist er zu untrainiert, kann schon mal etwas danebengehen. Ein gut trainierter Beckenboden ist nicht nur ein funktionierender Verschlussmechanismus, er ist auch maßgeblich für unsere Freude am Sex verantwortlich. Wenn die Beckenbodenmuskeln gut trainiert sind, wird das Empfinden stärker. Auch das ist ein Grund, wieso Frauen nach der Geburt mehr als nur »Bauch-Beine-Po« trainieren sollten. Mit einem starken Beckenboden kann die Frau aktiv bei der Gestaltung ihres Orgasmus mitwirken. Der Beckenboden wird deshalb auch »Liebesmuskel« genannt. Regelmäßiger Sex,

8

Entspannung

→ Wenn Sie Ihre Kieferknochen massieren, entspannt sich auch Ihr Beckenboden.

Legen Sie Daumen und Zeigefinger unterhalb der Wangenknochen auf die Kiefergelenke und massieren Sie die Haut bis hinunter zu den Mundwinkeln etwa eine Minute kräftig. Danach die Partie von oben nach unten zehn Mal sanft ausstreichen. Das ist eine wunderbare Übung nach Ihrem Beckenbodentraining. Aber auch für zwischendurch, wenn Sie sich dabei ertappen, dass Ihr Kiefer völlig verspannt ist. Es ist nicht gut, im Leben so oft die Zähne fest zusammenzubeißen!

mehrmals die Woche, trainiert unseren Beckenboden. Doch ehrlich gesagt glaube ich meinen Freundinnen mehr als den Umfragen, die immer wieder veröffentlicht werden: Niemand, der nicht gerade frisch verliebt in seinen Partner ist, hat über einen längeren Zeitraum mehrmals in der Woche Sex. Sie müssen diese wertvollen Muskeln also irgendwie anders trainieren. Zunächst gilt es die relevanten Muskelgruppen zu identifizieren. Kneifen Sie die Schließmuskeln vorn und hinten zusammen. Wenn sie die richtigen Muskeln zusammengezogen haben, spüren Sie eine leichte »Hebung« der Muskeln nach oben und innen unter dem Becken. Andere Körperteile (Po, Bauch, Innenseiten der Unterschenkel) sollten dabei nicht bewegt werden, sonst trainieren Sie leicht alles andere als den Beckenboden.

Grundlegend für Beckenbodengymnastik ist die richtige Atmung: ausatmen, wenn Sie den Beckenboden anspannen, und einatmen, wenn Sie entspannen. Das Schöne an dieser Gymnastik: Sie können überall trainieren. Ich mache die Übungen immer dann, wenn ich gerade sowieso nichts anderes zu tun habe: an der Bushaltestelle, im Zug, im Aufzug oder an einer roten Ampel. Zehn Minuten üben täglich reichen schon aus. Aber wie bei jedem Sport ist es nötig, regelmäßig zu trainieren, sonst ist der schöne Effekt schnell wieder dahin. Mit einfachen Übungen können Sie sofort beginnen. Spannen Sie den Beckenboden an und lassen Sie wieder los. Wiederholen Sie das ganze 20 Mal, machen Sie eine kurze Pause und noch mal 20 Übungen. Das schaffen Sie an einer roten Ampel. Und wenn der Bus etwas später kommt, wiederholen Sie diese Übung eben öfter, solange Sie können. Alternativ können Sie auch den Beckenboden anspannen und diese

Spannung halten, während Sie bis fünf zählen. Auch das sollten Sie 20 Mal hintereinander tun. Schnell werden Sie merken, dass Sie etwas getan haben. Und schon nach ein paar Mal regelmäßigem Üben stellen Sie fest, dass Sie die Anzahl der (sorgfältig ausgeführten) Wiederholungen steigern können.

Es gibt natürlich noch viel mehr Übungen und Kniffe, wie Sie das Beckenbodentraining in Ihren Alltag integrieren können. Besuchen Sie einen Kurs, fragen Sie Ihre Trainerin, falls Sie bereits eine andere Sportart betreiben, oder schauen Sie mal in den Anhang (→ »Bücher, die weiterhelfen«, Seite 157).

Zusätzlich zu Ihren täglichen Trainingseinheiten können Sie sich »Liebeskugeln« kaufen. Das sind zwei drei bis vier Zentimeter große Kugeln, die mit einem Band verbunden sind. Meist haben sie ein weiteres Bändchen, damit man sie wie einen Tampon entfernen kann. Die Kugeln werden in die Scheide eingeführt und bis zum Muttermund geschoben. Wenn man sich bewegt, schwingen die Metallkugeln in den Hohlkugeln und verbreiten nette Vibrationen im Unterleib. Diese Schwingungen sind zwar nicht stark genug, um direkt zum Höhepunkt zu führen, können aber das sexuelle Verlangen steigern. Das ist eine ausgesprochen nette Art und Weise zu trainieren! Solche Kugeln können Sie im Erotikfachgeschäft, über das Internet, und neuerdings sogar in manchen Drogerien erwerben, oder Sie lassen sie sich von Ihrem Mann, der sicherlich ganz begeistert sein wird, schenken.

Sie werden sich wundern, wie schnell und wie sehr ein trainierter Beckenboden Ihr Leben verändert. Rückenschmerzen vom langen Sitzen verschwinden, weil Sie eine bessere Haltung haben, und wenn der Sex etwas amüsanter wird, hat ja auch niemand etwas dagegen. Der Beckenboden stärkt unsere Weiblichkeit und unsere Haltung. Wecken Sie mit den »Sexercises« ungeahnte Kräfte!

Früh erkannt, Gefahr gebannt

8

Ich bin wirklich niemand, der wegen jedem Zipperlein zum Arzt geht. Aber eines beherzige ich: Ich gehe regelmäßig zu den angebotenen Vorsorgeuntersuchungen.

Es ist mir nicht klar, wieso das nicht alle Menschen tun. Es kostet (bei uns in Deutschland) nichts, wenn man krankenversichert ist, und es ist so ungemein sinn-

Vorsorge-
untersuchungen

Die Vorsorgeuntersuchungen sind im Sozialgesetzbuch verankert. Danach hat jeder gesetzlich Krankenversicherte ab 35 Jahren das Recht, sich auf Kosten der Krankenkasse alle zwei Jahre »auf Herz und Nieren« prüfen zu lassen.

Was wird untersucht?

Neben einer Anamnese (Befragung über die gesundheitliche Vorgeschichte, familiäre Krankheiten) gehören dazu die Ganzkörperuntersuchung, eine Untersuchung des Urins, des Blutzucker- und Cholesterinspiegels und eine Blutdruckmessung. Zu welchen Untersuchungen ab welchem Alter geraten wird und welche von Ihrer Krankenkasse gezahlt werden, erfahren Sie auch von Ihrem Hausarzt oder Ihrer Krankenkasse.

Krebsvorsorge

Frauen können Krebsvorsorge ab einem Alter von 20 Jahren in Anspruch nehmen. Untersucht werden dabei die Genitalorgane. Ab dem Alter von 30 Jahren sind auch Untersuchungen der Brust und der Haut Bestandteil der Krebsvorsorgeuntersuchung. Neben der klinischen Untersuchung entnimmt der Arzt einen Abstrich von der Schleimhaut, der auf Krebszellen untersucht wird. Ab dem Alter von 50 Jahren werden darüber hinaus jährlich der Enddarm und der übrige Dickdarm untersucht. Ab dem Alter von 50 Jahren bis zur Vollendung des 55. Lebensjahres besteht Anspruch auf die jährliche Durchführung eines Schnelltests auf okkultes (nicht sichtbares) Blut im Stuhl.

voll. Wahrscheinlich nehmen Menschen diese Untersuchungen, bei denen man Krankheiten im frühen Stadium erkennt, nicht wahr, weil sie Angst vor einer schlechten Nachricht haben. Anscheinend ist das Verdrängen angenehmer, als sich der möglichen Krankheit zu stellen. Was dabei übersehen wird, ist, dass mittlerweile viele lebensbedrohliche Krankheiten heilbar sind – vorausgesetzt sie werden frühzeitig erkannt. Genau deswegen gibt es Vorsorgeuntersuchungen.

Wer schon mal im Freundes- oder Familienkreis erlebt hat, wie eine Vorsorgeuntersuchung die Ärzte alarmierte und sie zu einer Therapie veranlasste, die das Leben des Betroffenen rettete, sieht solche Untersuchungen sicher mit anderen Augen. Klar ist es schwierig, eine Diagnose wie Krebs zu verarbeiten und die Therapie mutig in Angriff zu nehmen. Aber es ist besser, der Tatsache ins Gesicht zu schauen und rechtzeitig etwas gegen die Krankheit zu tun, anstatt den Krebs dann zu entdecken, wenn er nicht mehr unter Kontrolle zu bringen ist.

Die Möglichkeit des Todes wird von vielen Menschen einfach verdrängt. Zipperlein werden behandelt, thematisiert und gepflegt, aber wenn wir einen ernsthaften Verdacht haben, dass etwas nicht in Ordnung sein könnte, sprechen wir noch nicht mal mit nahestehenden Personen darüber – aus Angst, es könnte wirklich etwas Schlimmes sein. Über den Tod zu sprechen, ist nicht salonfähig, obwohl er zum Leben dazugehört. Also ignoriert man warnende Zeichen und Vorsorgeuntersuchungen. Die beliebte Vogel-Strauß-Taktik: den Kopf in den Sand stecken nach dem Motto: »Ich sehe nichts und höre nichts, dann ist auch nichts da.« Sehr erwachsen ist das nicht. Man sagt zu Recht, »Gesundheit ist unser höchstes Gut.« Also sorgen Sie für sich und gehen Sie zu den Vorsorgeuntersuchungen.

Bringen Sie Licht in dunkle Tage

8

Es gibt Tage, da kommt man einfach nicht in die Gänge. Es beginnt damit, dass man morgens kaum aus dem Bett kommt, man schleppt sich zur Arbeit, bekommt trotzdem den ganzen Tag nichts geregelt und weiß am Abend nicht, womit man eigentlich seine Zeit verbracht hat. Alles ist grau, die Gedanken sind trübe. Jeder kennt solche Tage, und jeder weiß theoretisch, dass sie irgendwann vorbeigehen. Nur wenn man sich gerade in einer derartigen Stimmung befindet, kann man sich den Ausweg überhaupt nicht vorstellen. Genau das ist das Fatale an den dunklen Tagen. Vielen Menschen kommt der Ausdruck »Ich bin heute depressiv« leicht über die Lippen. Aber glauben Sie mir, wenn Sie wirklich depressiv sind, dann werden Sie nicht darüber reden. Denn wenn es Ihnen schlecht geht, werden Sie Kontakt vermeiden, sich zurückziehen und lieber im Bett liegen und an die Zimmerdecke starren, als über Ihren Zustand zu reden. Wenn es Ihnen längere Zeit derart geht, sollten Sie sich nicht scheuen, sich Hilfe zu suchen. Eine echte Depression sollten Sie von einem Fachmann therapieren lassen! Doch keine Sorge, das ist nichts Peinliches. Wenn es Ihnen schlecht geht, dann kann man Ihnen helfen. Zögern Sie nicht, Hilfe anzunehmen. Eine solche Therapie wird in Deutschland übrigens von den Krankenkassen bezahlt. Am einfachsten finden Sie Adressen über das Internet, beispielsweise auf www.psychotherapiesuche.de. Dort können Sie bei der Therapeutensuche gleich bestimmte Suchkriterien angeben, welche Therapieform sie bevorzugen oder ob Sie bereits ein spezielles Anliegen haben. Außerdem können Sie auch gezielt nach Therapeuten suchen, die eine Zulassung für die Krankenkasse haben. Letztlich entscheidet immer der Nasenfaktor. Sie und der Therapeut oder die Therapeutin müssen das Gefühl haben, gemeinsam arbeiten zu können. Dazu dürfen Sie einander bis zu fünf Mal unverbindlich beschnuppern, bevor eine Therapie wirklich beginnt. Die Krankenkasse zahlt diese Schnupperstunden auch bei mehreren zugelassenen Therapeuten ohne größeren bürokratischen Aufwand. Sie dürfen so lange suchen, bis Sie wirklich das Gefühl haben, den richtigen Menschen gefunden zu haben. Falls es Ihnen also nicht so gut geht und Sie das vage Gefühl haben, dass Ihnen das Gespräch mit jemand guttut, der professionell dafür ausgebildet ist, haben Sie keine Hemmungen davor eine Therapeutin oder einen Therapeuten zu kontaktieren. Falls Sie eher das Gefühl haben, dass es sich um ein konkretes Problem handelt, das zwar der Hilfe, aber keiner längeren Therapie bedarf, dann gönnen Sie sich ein Coaching. Sollten die trüben Gedanken aber nur eine kurze Verstimmung sein, weil Sie erschöpft sind, etwas Trauriges passiert ist, oder es Ihnen in den Wintertagen an Energie fehlt, dann gönnen Sie sich eine Auszeit und akzeptieren Sie, dass sich Ihr Körper und Ihre Seele wünschen, etwas ruhiger zu treten. Wenn Sie in eine trübe Stimmung hineinrutschen – und Ihnen eine kleine Auszeit überhaupt nicht in den Kram passt –, behelfen Sie sich doch mal mit folgendem Trick: Essen Sie indisch!

Immer dann, wenn Sie »überhaupt nichts mehr juckt«, weil die Welt Sie gerade gar nicht mehr leiden kann, erscheint Ihnen alles grau und leblos. Viele Menschen erzählen, dass Sie in so einer Stimmung raus in die Natur müssen oder joggen gehen – aber erzählen Sie das mal jemand, der sich am liebsten im Bett verkriechen möchte, weil die Stimmung schlecht ist. Und trotzdem braucht es einen kleinen Reiz von außen, einen Tritt in den Hintern, der einen wieder zurück ins Leben schubst. Sie glauben gar nicht, wie sehr die scharfen Gewürze der indischen Küche Ihren Sinnesorganen zeigen können, dass nicht alles grau ist.

Scharfe Gewürze machen außerdem high. Das Capsaicin, das das Chili so scharf macht, bringt den Mund zum Brennen und treibt uns die Tränen in die Augen. Aufgrund dieser Schmerzen werden körpereigene Opiate freigesetzt. Sie haben sicherlich schon mal etwas von Endorphinen gehört, die uns den Himmel auf Erden bereiten. Genau diese sind gemeint. Sie werden mit den Augen rollen und tief einatmen, Sie werden die Schärfe auf der Zunge, im Gaumen und im ganzen Körper spüren, Sie werden »aufwachen«. Auf einmal hat die Welt Sie wieder und alles sieht gar nicht mehr so trüb aus.

EXTRA-TIPP

Ihre Schatzkiste

→ Legen Sie eine Schatzkiste an. In diese packen Sie zum einen Erinnerungen an schöne Momente, z. B. eine Muschel aus dem letzten Urlaub. Zum anderen Dinge, die Ihr Selbstbewusstsein steigern: Macht Ihnen jemand ein Kompliment, schreiben Sie es auf einen Zettel und verwahren es in der Schatzkiste. Natürlich gehört auch der Zettel mit der Notiz »indisch essen« in die Schatzkiste sowie andere Handlungen, von denen Sie wissen, dass sie Ihnen helfen.

Wenn es Ihnen schlecht geht, fällt es Ihnen schwer, sich aufzuraffen, etwas zu tun. Aber auf eines sollten Sie sich »programmieren«: Sobald Sie merken, dass der Blues Sie bedrückt, öffnen Sie Ihr Schatzkästlein und lassen die Dinge darin auf sich wirken! Machen Sie genau das, was auf den Anweisungszetteln steht. Es hilft.

8

Leichter durchs Leben

→ Genießen Sie das Leben in vollen Zügen und mit allen Sinnen! Sie sind etwas ganz Besonderes. Also seien Sie auch besonders nett zu sich selbst – eben wie es einer wahren Diva gebührt. Teilen Sie Ihre Lebensfreude. Lassen Sie andere an diesem Glück teilhaben und widmen Sie ihnen stets die Aufmerksamkeit und Herzlichkeit, die Sie selbst gerne erfahren würden.

Seien Sie mal wieder nett – zu sich selbst

Wie gehen Sie mit sich selbst um? Sind Sie gut zu sich? Wir achten andauernd darauf, gut zu sein und gut zu anderen zu sein. Darüber vergessen wir leider oft, dass wir AUCH gut zu uns SELBST sein müssen! Ich kenne viele Menschen, die ständig für andere da sind, sich um alles kümmern und sich selbst komplett hintanstellen. Leider können wir nicht immer darauf bauen, dass andere genauso handeln. Nur weil Sie ständig verzichten und mit Ihrer Meinung hinter dem Berg halten, heißt das nicht, dass automatisch andere auch mal verzichten und Ihnen zuliebe zurückstecken. Bauen Sie nicht darauf, dass Sie automatisch von den anderen bekommen, was Sie sich heimlich wünschen. Sie müssen schon sagen, was Sie wollen, formulieren, was Sie brauchen, und hin und wieder auf den Tisch hauen, um zu bekommen, was gut für Sie ist.

Dazu müssen Sie herausfinden, was Ihnen guttut. Nehmen Sie sich Zeit, horchen Sie ganz genau in sich hinein, was Sie gerade jetzt brauchen. Viele Menschen sind so nachlässig mit sich selbst, dass sie es verlernt haben, auf ihre eigenen Bedürfnisse und ihren Körper zu achten. Wie traurig! Es kann doch nicht sein, dass wir uns von den Erfordernissen des Alltags und der Höflichkeit gegenüber anderen derart vereinnahmen lassen, dass keine Zeit für uns selbst mehr bleibt. Ziehen Sie rechtzeitig die Bremse, bevor ein Burn-out Sie so lähmt, dass gar nichts mehr geht. Passen Sie auch auf, wie Sie mit sich reden.

9

Letztens beobachtete ich wieder eine Frau, die sich selbst als »kleines Dummerchen« schimpfte. Ich stand fassungslos daneben. Fehler machen wir doch alle, es kommt nur darauf an, was wir aus ihnen lernen. Wenn man sich achtlos als Dummerchen beschimpft, sackt automatisch der Selbstwert auf den Nullpunkt!

Viele Menschen schimpfen viel zu häufig mit sich, statt dass sie sich trösten und sich selbst ermutigen. Glauben Sie mir, dieses ständige An-sich-Herumnörgeln ist genauso zerstörend, als wenn andere Menschen das tun!

Wenn Sie sich morgens im Spiegel schon mit dem Kommentar »Wie sehe ich denn heute wieder aus!« begrüßen, sich tagsüber beschimpfen und abends ins Bett gehen und mit der Feststellung einschlafen, dass Sie heute mal wieder gar nichts erreicht haben, können Sie sich gar nicht gut fühlen und glücklich sein.

AHA!

Niemand kann Sie
glücklich machen

Meinem ersten Freund sagte ich in einem Stadium akuter Verliebtheit »Mach mich immer glücklich!« Er antwortete »Das kann ich nicht.« und ging fort. Es brauchte ein paar Tage, bis ich verstand, was er meinte, und wir wieder zusammenfinden konnten. Niemand kann einen anderen Menschen glücklich machen. Das Glück muss aus uns selbst herauskommen. Der andere kann uns dabei nur begleiten.

Das ist gar nicht so schwierig. Glück kommt, wenn Sie mit sich selbst im Reinen sind und Ihren eigenen Wert kennen. Gestalten Sie Ihr Leben so, dass es Ihnen guttut, und Sie sind glücklich.

Der Umkehrschluss funktioniert genauso. Probieren Sie, sich in Gedanken in den höchsten Tönen zu loben, sich zu freuen, wenn Sie etwas Tolles erreicht haben, sich in der Schaufensterscheibe zu bewundern, wie gut Ihnen der neue Mantel steht (statt wieder nur auf die zerknautschte Frisur zu achten). Sie werden sehen, wie schnell sich Ihre Laune hebt, Ihr Gang aufrechter und Ihre Ausstrahlung besser werden.

Wenn Sie netter zu sich sind, sich gut behandeln, sich immer mal etwas gönnen und sich immer mehr mögen, wird sich Ihr Leben bedeutend verändern. Sie werden energiegeladener sein und Aufgaben voller Elan angehen. Sie werden sich besser fühlen, netter zu anderen sein, Misserfolge besser wegstecken und auch mal über sich selbst lachen können. Wenn Sie sich loben, ermuntern und an sich freuen, werden Sie zu einer Person, der niemand widerstehen kann und der alles gelingt.

Perfekt im Hier und Jetzt

Jeder kennt das: Immer wieder muss man Dinge erledigen, auf die man überhaupt keine Lust hat. Man hat das Gefühl, es wäre reine Zeitverschwendung, und viel lieber würde man sich wirklich wichtigen oder amüsanteren Zeitvertreiben widmen. Doch es hilft nichts. Manche Dinge müssen wir einfach tun. Es führt kein Weg daran vorbei. Erledigen Sie diese Aufgaben mit Hingabe, statt bei der Arbeit daran schlechte Laune zu bekommen. Machen Sie das, was Sie machen, einfach gut. Buddhisten raten ihren Schülern dazu, so oft und so weit wie möglich im »Hier und Jetzt« zu leben – genau das ist Meditation. Klingt gut, denn von Herumsitzen und »den Kopf von den Gedanken freimachen« halte ich nicht so viel, das funktioniert bei mir grundsätzlich nicht. Im Hier und Jetzt zu leben bedeutet, sich voll und ganz auf das zu konzentrieren, was man gerade macht. Also nicht so zu leben, wie wir alle das leider immer wieder tun: beim Frühstück die Zeitung lesen und nebenher das Schulbrot für die Kinder schmieren oder beim Kuscheln mit dem Liebsten im Geiste die Einkaufsliste zusammenzustellen. Um sich auf das Wesentliche zu konzentrieren, muss man sich nicht eine Stunde im Schneidersitz auf ein hartes Kissen setzen. Im Hier und Jetzt zu leben ist in jeder Situation möglich. Konzentrieren Sie sich zum Beispiel ganz intensiv auf das, was Sie gerade essen. Genießen Sie mit allen Sin-

9

nen Ihre Mahlzeit, statt nebenher fernzu-
sehen und alles nur in sich hineinzuschaufeln. Und gerade ungeliebte Aufgaben gehen uns leichter von der Hand, wenn wir
uns ihnen ganz widmen. Unkraut zupfen,
die Toilette reinigen … – probieren Sie
mal aus, sich auf jeden kleinen Handgriff
zu konzentrieren, anstatt immer nur ge-
betsmühlenhaft zu denken: »Ach, wie
langweilig/unangenehm!«
Sie werden staunen, wie viel mehr Möglichkeiten für ein Leben im Hier und Jetzt
Sie noch im Alltag entdecken.

Wenn Sie eine Tätigkeit intensiv und mit
Hingabe erledigen, ist diese nicht mehr
langweilig oder abstoßend! Sie werden
sehen, mit welcher Qualität Sie plötzlich
arbeiten und mit welcher Intensität Sie
die Arbeit erleben. »Life is art«, sagt eine
Freundin von mir. Man muss nicht die
besonderen Dinge suchen, um das Besondere zu erleben – unser Leben hält genug
für uns bereit. Hingabe ist das Schlüssel-
wort. Konzentrieren Sie sich auf das, was
Sie tun – und Sie werden es nicht nur gut
machen, sondern es auch genießen.

Schadenfreude ist schlecht fürs Karma

In einem Esoterikladen sah ich eines Tages
Hinweisschildchen auf jeder Regalfläche:
»Klauen ist schlecht fürs Karma.« Ich
musste lachen. Na klar, das musste einfach
funktionieren. Wer in einem Esoterikladen einkaufen geht, der glaubt daran,
dass sich die eigenen Handlungen auf das
Schicksal auswirken, und überlegt sich
doppelt, ob es sich lohnt, für ein schlechtes Karma einen Gegenstand im Wert von
ein paar Euros mitgehen zu lassen. Der
Hinweis funktioniert angeblich besser als
jede Alarmanlage.
Und wann denken wir sonst an unser
Karma? Wie steht es zum Beispiel damit,

dass wir über Missgeschicke anderer Menschen lachen? Eine Begründung könnte
sein, dass wir durch das Beobachten bequem lernen können. Wir denken: »Was
dem passiert, passiert mir garantiert nicht,
denn ich weiß ja jetzt, dass ich aufpassen
muss.« Das ist sicherlich hin und wieder
der Fall, aber nicht der alleinige Grund,
wieso wir genau hinsehen, wenn jemandem ein Missgeschick passiert. Letztlich
fühlen wir uns durch unser Lachen überlegen. Da wir uns amüsieren, gehen wir
davon aus, dass uns das, was wir sehen,
nicht passieren kann. Das verursacht ein
gutes Gefühl: Schadenfreude.

Wir machen uns die **Welt,** wie sie uns gefällt

Mittlerweile gibt es sogar Beweise dafür, dass wir unsere Welt mit unseren Gedanken gestalten. Die Erklärungen der Quantenphysik finde ich etwas kompliziert, doch sehr einleuchtend scheint mir Folgendes: Die Welt an sich ist nicht objektiv gut oder schlecht. Indem wir in der Welt sind, bewerten wir sie. Wir nehmen sie nicht nur durch unsere Sinnesorgane wahr, sondern bewerten stets, was wir sehen, schmecken oder fühlen. Ein simples Beispiel: Regen ist nicht per se schlecht, nur weil uns gerade mehr nach Sonnenschein wäre. Regen hat durchaus seinen Nutzen – vielleicht nicht für uns, aber für die Pflanzen (an denen wir uns erfreuen wollen). Wenn ich jetzt morgens aus dem Fenster schaue und schlechte Laune bekomme, weil es regnet, dann habe ich mir die schlechte Laune selbst gemacht. Es ist alles eine Frage der Bewertung. Und seitdem ich das verstanden habe, passe ich auf, was ich denke, und lasse mir nicht mehr so einfach den Tag verderben.

Irgendwann blieb mir das Lachen im Halse stecken. Zunächst war es nur ein komisches Gefühl, das mich vom Lachen über die Missgeschicke anderer abhielt. Von einem Moment auf den anderen dachte ich: »Schadenfreude ist schlecht fürs Karma.« Plötzlich hatte ich das Gefühl, dass Schadenfreude unmittelbar auf mich zurückfallen würde.

Karma ist nicht das Gleiche wie Schicksal. Glaubt man an das Schicksal, dann fühlt man sich ausgeliefert, kraftlos und vor allen Dingen machtlos. Der Glaube an das Schicksal bedeutet, dass man machen kann, was man will, denn man kann den für einen vorbestimmten Erlebnissen sowieso nichts entgegenhalten. Man kann sich nur durch das Leben durchwursteln

9

und das Beste daraus machen. Wenn sowieso alles vorherbestimmt ist, muss man sich wohl auch nicht an moralische Werte halten. Wie bequem!

Doch an Schicksal glaube ich nicht. Ich bin mir sicher, dass wir sehr wohl unser Leben in der Hand haben und es gestalten können. Ich denke, dass wir verantwortlich für unsere Handlungen sind und eben auch Konsequenzen in Kauf nehmen müssen, wenn etwas misslingt oder wir anderen schaden. Das hat wenig mit den moralischen Bedingungen zu tun, die eine Gesellschaft definiert, sondern damit, dass jeder für sich entscheidet und auch entscheiden MUSS, wie er sein Leben gestalten will.

Ich glaube auch daran, dass wir Teil eines großen Ganzen sind und dass das, was wir tun und denken, auf uns zurückfällt. Wir erschaffen unsere Welt mit unseren Gedanken (→ Aha!-Kasten auf Seite 151), und wenn wir etwas Schlechtes denken, kann es uns sehr schnell passieren, dass uns Schlechtes geschieht.

Also Schluss mit der Schadenfreude! Wir müssen wirklich aufpassen, was wir denken, wenn wir davon ausgehen, dass unsere Gedanken die Welt gestalten. Schadenfreude ist letztlich nur ein kurzes Vergnügen, das ein längeres Nachspiel haben kann. Da kennen Sie doch bessere Möglichkeiten, sich zu amüsieren!

Sie sind etwas ganz Besonderes

Wenn ich manchmal durch Frauenzeitschriften blättere, habe ich das Gefühl, es wäre erstrebenswert, ein Klon zu sein. Frauenzeitschriften wissen anscheinend genau, wie wir alle zu sein haben: ewig jung, trainiert, schlank, selbstbewusst und gut geschminkt. Wie langweilig!

Eineiige Zwillinge sehen auch nur bis zur Pubertät niedlich aus, wenn sie die gleichen Sachen anhaben. Spätestens dann wird es albern. Ich verstehe diesen Trend

zur Gleichmachung überhaupt nicht, wo es doch angeblich in unserer Gesellschaft ein solch hoher Wert ist, individuell zu sein. Vermutlich ist genau das auch eine Mode. Vor ein paar Jahren sah ich in Spanien am Strand mehr Leute, die tätowiert waren, als Menschen mit natürlichem Hautbild. Wahrscheinlich kam sich jeder der Tätowierten mit seinem Körperschmuck einzigartig und originell vor …

Unser Sehsinn ist der Sinn, der uns am direktesten mit der Welt verbindet. Was wir sehen, stimmt per definitionem. Leider sind wir enorm anfällig zu glauben, was Frauenzeitschriften und das Fernsehen uns zeigen, denn Bilder prägen sich viel mehr ein als Worte. Während wir bei Texten oder dem gesprochenen Wort die Chance haben, kritisch darüber nachzudenken, nehmen wir Bilder viel schneller und unkritischer auf. Wenn wir etwas ein paarmal gesehen haben, bekommen wir das Gefühl, dass dieses Bild wahr und normal ist. Genau das passiert auch, wenn wir in den Medien stets einen bestimmten Frauentyp vorgeführt bekommen. Unkritisch übernehmen wir das Frauenbild, das uns andauernd gezeigt wird.

Wenn Sie das Frauenbild, das willkürlich von den Medien gewählt wurde, irgendwann als das »Normale« betrachten, bekommen Sie ein Problem. Sie fühlen sich »anders«, defizitär und vor allen Dingen latent schlecht. Obwohl Sie, genau wie alle Menschen, den Drang haben, etwas ganz Besonderes zu sein, sitzen Sie deswegen insgeheim im Kämmerlein zuhause und schimpfen auf sich, weil Sie nicht dem Idealbild einer Frau entsprechen. Mir geht es

nicht anders, obwohl ich die meiste Zeit überzeugt bin, derartige Gedanken inzwischen überwunden zu haben. Immer mal wieder fällt mir auf, wie mich diese Schuldgefühle wieder einholen. Schließlich sagen mir die Medien, wie es geht, eine »normale« und »attraktive« Frau zu sein. Ich bin doch selbst schuld, wenn ich nachlässig und faul bin, mich gehen lasse, statt jeden Tag Stunden in meine äußere Schönheit zu investieren.

Glücklicherweise haben sich bei mir mit dem Alter die Selbstzweifel gegeben. Irgendwann fing ich an, das Mediengehabe zu durchschauen. Ich entdeckte meinen Wert. Das, was mich auszeichnet und zu etwas ganz besonderem macht. Ich bin anders und das ist okay. Als ich so weit war, öffnete ich meine Augen für die vielen Frauen, die mich umgaben. Plötzlich entdeckte ich Große und Kleine, Dicke und Dünne, Frauen im Röckchen und Frauen in Jeans und Turnschuhen. Jede strahlte eine ganz eigene Schönheit aus. Ich begann, Models, die alle gleich aussehen, nicht mehr zu beneiden, sondern stellte fest, dass ich mich, so wie ich bin, eigentlich ziemlich gut finde.

Genau darum geht es! Entdecken Sie, was für eine tolle Frau Sie sind. Ihr Aussehen, Ihr Geist, Ihr Witz, Ihr Charme, Ihre Erfahrungen – alles das haben nur Sie genau in dieser Kombination zu bieten und niemand sonst auf der Welt. Sie sind genauso einzigartig und wertvoll wie ein seltener Diamant. Statt immer nur zu schauen, was Ihnen an sich selbst nicht gefällt, lenken Sie Ihre und die Aufmerksamkeit anderer auf Ihre Vorteile und Ihre Stärken. Zeigen Sie das, was besonders schön und interessant an Ihnen ist, denn Sie sind etwas ganz Besonderes!

Sagen Sie es weiter!

Na, haben Sie einige meiner Tipps ausprobiert und entdeckt, wie schön es ist, plötzlich Alltagsprofi und Weekenddiva zu werden? Vielleicht haben Sie andere Tipps verworfen und entdeckt, dass Sie es ganz anders handhaben und fantastisch damit leben. Haben Sie sich inspirieren lassen und den einen oder anderen Tipp so angepasst, dass er nun genau für Sie in Ihr ganz spezielles Leben passt? Eigentlich ist es nur ein kleiner Schritt, aber Ihr Leben verändert sich langsam und dann gewaltig, sobald Ihnen wirklich bewusst geworden ist, dass SIE sich bewusst für ein gutes Leben entscheiden müssen und dass Sie verantwortlich dafür sind, dass es Ihnen gut geht.

Ich hoffe, Ihr Leben hat sich nach der Lektüre dieses Buches wie versprochen verschönert. Natürlich reicht Lesen allein nicht. Durch den Besitz von Diätratgebern nimmt man noch lange nicht ab. Das ist klar. Man muss aktiv werden, damit sich etwas ändert. Raffen Sie sich auf, und probieren Sie mal etwas Neues! Keine Angst, das ist gar nicht so schwer und macht auch noch Spaß. Aber wenn Sie die neuen Strategien ausprobieren, wenn Sie es angehen, Stück für Stück das Leben eigenverantwortlicher und bewusster zu leben, dann kommt plötzlich eine Lawine ins Rollen. Ehe Sie es sich versehen, sind Sie tatsächlich ein souveräner Alltagsprofi und gleichzeitig eine schillernde und begehrte Weekenddiva.

Ich freue mich für Sie! Egal, ob Sie jetzt viele Dinge genauso wie ich handhaben oder ganz andere Lösungen gefunden haben. Hauptsache, Sie entscheiden sich bewusst dafür, wie Sie leben und handeln wollen. Sie werden sehen: Je mehr bewusste Entscheidungen Sie treffen, desto ausgeprägter wird Ihre Haltung. Sie werden aufrecht und strahlend durchs Leben gehen, und das zeigt Wirkung. Brust raus, Bauch rein! Stolzieren Sie mit einem Lächeln durch die Welt! Andere werden gern mit Ihnen zusammen sein, werden Sie unterstützen und Sie auch ein bisschen bewundern. Nehmen Sie es an und genießen Sie das Leben! Genau darum geht es. Ich drücke Ihnen die Daumen, dass Sie es schaffen, in allen Lebensbereichen genau so zu leben, wie Sie es sich wünschen. Manchen Frauen fällt es leichter, sich erst einmal nur einem Teil ihres Lebens zu widmen und ihn zu optimieren. Das ist nicht schlecht, aber wäre es nicht schöner, wenn alles ein bisschen besser flutscht? Das ist das Ziel. Entwickeln Sie eine Haltung, die es Ihnen ermöglicht, neue Erfahrungen und Strategien von einem Lebensbereich in den anderen zu übertragen. Dann ist es gar nicht so schwer, insgesamt ein schöneres Leben zu haben. Die einfache Formel heißt: Sorgen Sie für sich – entscheiden Sie sich stets für genau die Alternative, die Ihnen guttut.

Ich finde es wunderbar, anderen Frauen zu verraten, wie sie ein bisschen größere Stücke vom Kuchen abbekommen und glücklicher werden. Es macht mir große Freude zu beobachten, dass es funktioniert. Deswegen verrate ich Ihnen gerne meine Tipps und berate Sie gerne, damit auch Ihr Leben immer königlicher wird. Machen Sie es genauso. Erzählen Sie Ihren Freundinnen von Ihren neuen Erkenntnissen und tauschen Sie weitere Tipps untereinander aus. Verschenken Sie dieses Buch. Mit den Tipps ist es wie mit der Liebe. Je mehr man verschenkt, umso mehr bekommt man zurück.

9

Adressen, die weiterhelfen

Die Autorin

Meike Rensch-Bergner lebt in Hamburg und arbeitet als Autorin, Coach und Organisationsberaterin. Ihre Mission ist es, Frauen zufriedener und erfolgreicher zu machen.

Die Tipps haben Sie inspiriert, Ihr Leben in die Hand zu nehmen und zu verändern, jetzt wollen Sie mehr? Wenn es an einer Stelle hakt oder Sie Unterstützung brauchen, dann kontaktieren Sie die Autorin und gönnen sich ein Coaching oder ein Telefon-Coaching. Egal, ob Sie gerade auf der Suche nach dem Mann fürs Leben sind, Ihr Selbstbewusstsein steigern oder Ihr Berufsleben umkrempeln wollen: Gemeinsam misten wir hemmende Überzeugungen aus und entwickeln eine Haltung, die Sie zum Erfolg führt.

Meike Rensch-Bergner
M@Rensch-Bergner.de
www.uschi-und-uschi.de
T: 040/98 26 71 44

Experten

www.businessmitstil.de
Website von Inken Risse. Hier finden Sie auch ein von ihr entwickeltes Lernprogramm

für Business-Etikette auf CD-ROM.

www.care-and-sail.de
Website der Supervisorin und Trainerin für Aggressionsseminare Bärbel Sievers-Schaarschmidt

www.kontaktvoll.de
Website der Flirt-Trainerin Nina Deißler

www.liebeskummerpraxis.de
Website der psychologischen Beraterin und Expertin für Liebeskummer Silvia Fauck

www.niagermany.com
Website zum Thema »Nia« – dort finden Sie auch das Profil von Lea Glimsche

www.stokx.de
Website der Designerin Melinda Stokes. Adresse des Ladenlokals: Rosenthaler Straße 39 in Berlin

Ehrenamt

Auf den folgenden Internetseiten finden Sie Organisationen und Vereine, bei denen Sie sich ehrenamtlich engagieren können.

www.buerger-fuer-buerger.de

www.ehrenamtlich.de

www.freiwillig.de

www.gemeinsinn.de

Mentoring

Websites, durch die Sie eine Mentorin/einen Mentor finden können:

www.forum-mentoring.de

www.frauen-business-mentoring.de

www.gendercampus.ch

www.ihk-mentor.de

www.mentoring-brandenburg.de

www.mentorinnennetzwerk.de

www.tandemplus.de

Praktischer Rat

www.1000-haushaltstipps.de

www.frag-mutti.de

http://no-problem.brigitte.de

www.wer-weiß-was.de

Weiterbildung zum Hören

www.audible.de

www.apple.com/de/itunes

www.hoerbuchnetz.de

www.podcast.de

www.podcast24.de

www.vorleser.net

Bücher, die weiterhelfen

Bücher der Autorin

Rensch-Bergner, Meike: *Das Uschi-Prinzip. Von allem nur das beste.* Droemer Knaur, München
Sie haben genug davon, immer nur die Krümel vom Kuchen zu bekommen und wollen endlich das bekommen, wovon Sie noch nicht mal zu träumen wagten? Dann lesen Sie »Das Uschi-Prinzip«.

Rensch-Bergner, Meike: *Die Uschi-AG. Königinnen machen Karriere*, Ullstein, Berlin
Sie wollen Erfolg und Zufriedenheit im Arbeitsleben? Dann lesen Sie »Die Uschi-AG«. Ein Buch für Frauen, die ihre Potenziale nutzen und endlich die Anerkennung bekommen wollen, die sie verdienen.

Beide Bücher sind auch als Hörbuch erhältlich.

Weitere Bücher

Anton, Anette C.: *Raus aus der Mädchenfalle*, Berliner Taschenbuch Verlag, Berlin
Dieses Buch zeigt klar und deutlich, wie Frauen sich beruflich häufig selbst im Wege stehen und wie es gelingt, aus der Mädchenfalle heraus zu kommen.

Biermann, Dr. Christine/ Raben, Dr. Ralph: *Ein Kind mit 40? Vor- und Nachteile später Schwangerschaft*, Kreuz, Stuttgart
Zwei Ärzte machen Mut, die Kinderfrage mit Ende dreißig nicht an den Nagel zu hängen.

Bonneau, Elisabeth: *Erfolgsfaktor Smalltalk. Mühelos Kontakte knüpfen*, GRÄFE UND UNZER VERLAG, München
Smalltalk ist weit aus mehr, als nur über das Wetter zu reden. Elisabeth Bonneau, erklärt, was dazugehört und wie man vom schüchternen Mauerblümchen zur selbstbewussten Smalltalkerin wird.

Fein, Ellen; Schneider, Sherry: *Die Kunst, den Mann fürs Leben zu finden. The Rules*, Piper, München
Nicht jede Frau auf der Suche nach einem Mann möchte sofort heiraten. Trotzdem ist es hilfreich, die Suche etwas ernster zu nehmen, damit sie von Erfolg gekrönt wird. »Die Regeln« sind etwas streng, führen aber zum Erfolg.

Franck, Pierre: *Glücksregeln für die Liebe*, Ullstein, Berlin
Ein berührendes Buch über die Liebe. Die grundlegende Überzeugung, wie man sein Glück in einer Beziehung findet, teile ich mit Pierre Franck: Man muss sich ausschließlich für einen Menschen entscheiden und sich auf ihn einlassen.

Fauck, Silvia; Felbinger Helga: *Liebeskummer, Wenn das Herz zu brechen droht*, Kreuz, Stuttgart
Hier ist es, das Standardwerk zum Thema Liebeskummer! Für alle, die gerade an der Liebeskrankheit leiden oder jemandem helfen wollen, dem es so geht.

Gawain, Shakti / King, Laurel: *Leben im Licht, Quelle und Weg zu einem neuen Bewusstsein*, Heyne, München
Wer bewusster leben und sich auf spirituelle Gedanken einlassen möchte, findet bei Shakti Gawain ansprechende Geschichten und Gedanken.

Gray, John: *Männer sind anders, Frauen auch – Männer sind vom Mars. Frauen von der Venus*, Goldmann, München
Der Klassiker schlechthin zum Thema Frauen und Männer. Berechtigterweise. John Gray erklärt liebevoll und einleuchtend, wie das Zusammenspiel von Männern und Frauen trotz aller Unterschiede funktioniert.

Härter, Gitte: *Mehr Disziplin, bitte. So setzen Sie endlich um, was Sie sich vorge-*

nommen haben, GRÄFE UND UNZER VERLAG, München
Selbstdisziplin lässt sich tatsächlich lernen – und mit diesem Buch macht das sogar Spaß. Die Autorin bringt Sie locker und authentisch zurück auf die Spur.

Hay Louise: *Wahre Kraft kommt von innen*, Heyne, München
Louise Hay bringt uns mit unserer inneren Stimme in Kontakt, zeigt uns, wie man hemmende Barrieren auflöst und zu einer Selbstliebe findet, die die beste Energiequelle überhaupt ist.

Kensington, Ella: *Mary. Die unbändige, göttliche Lebenslust*, Froh & Frei Verlag, Bochum
Für alle, die lernen wollen, was Glück ist und wie man es bekommt gibt es »Mary«. Ein Roman, der uns dem Glück kurzweilig näher bringt.

Kerkeling, Hape: *Ich bin dann mal weg, Meine Reise auf dem Jakobsweg*, Piper Malik, München
Ich habe selten ein so authentisches und gleichzeitig amüsantes Buch über das Leben gelesen.

Knaths, Marion: *Spiele mit der Macht. Wie Frauen sich durchsetzen*, Hoffmann und Campe, Hamburg
Um erfolgreich im Job zu sein, müssen Frauen die von Männern definierten Spielregeln für die Arbeitswelt lernen. Marion Knath erklärt kurz und knapp, aber anschaulich, wie das Spiel funktioniert.

Mohr, Bärbel: *Bestellungen beim Universum*, Omega, Düsseldorf
Sie haben Wünsche und könnten ein wenig Hilfe »von oben« ganz gut gebrauchen? Dann bestellen Sie doch einfach beim Universum.

Pollmer, Udo: *Eßt endlich normal! Das Anti-Diät-Buch*, Piper, München
Frauenzeitschriften haben unrecht, wenn sie uns glauben lassen wollen, dass Diäten gesund wären. Udo Pollmer kann es beweisen und zitiert dafür unzählige spannende Studien.

Pollmer, Udo; Fock Andrea; Gonder Ulrike; Haug, Karin: *Prost Mahlzeit, Krank durch gesunde Ernährung*. Kiepenheuer & Witsch, Köln.
Dieses Buch räumt mit allen Mythen rund um bekannte Ernährungskonzepte auf und macht große Lust, sich endlich genießerisch gesund zu ernähren.

Singerhoff, Lorelies: *Rituale. Sinn, Halt und Kraft für die Seele*, mvg, Heidelberg
Lorelies Singerhoff erklärt den Sinn und Nutzen von Ritualen, denn ein Leben ohne Rituale ist langweilig. Lernen Sie neue Rituale kennen, entdecken Sie alte Rituale neu.

Szolnoki, Esther/Pohlmann, Nina: *Tu's doch. 365 Tipps, die mehr Schwung ins Leben bringen*, GRÄFE UND UNZER VERLAG, München
Ein wunderschönes Buch. Ein herrliches Orakel. Lesen Sie es einmal durch, um auf neue Ideen zu kommen, oder klappen Sie es an einer zufälligen Stelle auf, um herauszufinden, was Sie noch heute unternehmen können. Eines ist sicher: Sie werden es tun!

Wessbecher, Harald: *Die Energie des Geldes, Finanzielle Freiheit durch spirituelles Geldbewusstsein*, Heyne, München
Warum ziehen einige Menschen das Geld magnetisch an, während es anderen ständig zwischen den Fingern zerrinnt? Entdecken Sie in praktischen Übungen, wie man finanzielle Energien nutzbar machen und die ständigen Sorgen um das »liebe Geld« vergessen kann.

Register

A

Absage 62f., 72
Aggression 16f., 121
Auftreten 44f., 111f.
Augenkontakt 23f., 54

B

Baby, der Zeitpunkt für
  ein 63ff.
Beckenboden 138ff.
Beuteschema 51f.
Business-Etikette 44f.
Businessoutfit → Kleidung

D

Diskutieren 12f. → Streit
Durchhänger 143ff.

E

Ehrenamt 113, 116
Enttäuschungen 76f.
Erfolg 14f., 36ff., 43,
  46f.,121
Erfolge feiern 43
Ernährung 84ff., 132ff.
Erwartungen 25, 77,
  → Ent-Täuschung

F

Feedback 38ff.
Fernsehkonsum 117f.
Fitness 114f., 119, 127f.
Flirten 54ff., 62f., 94ff.,
  111ff.
fluchen 8f.
Freizeit 73f., 107ff., 117f.,
  120f.
Freunde
  → Kontakt halten
  → Geburtstag
  – Lass-uns-Freunde-blei-
  ben-Falle 67f.

G

Geburtstag 101f.
Geliebte 65f.

genießen 84ff., 149f.
Geschenke 74f.

H/I/J

Handarbeit 120f.
indisch essen 145
Jo-Jo-Effekt 130ff., 134f.,
  136

K

Kinder
  – Kontakt halten trotz Kind
  89f.
  –Zeitpunkt für ein Kind
  63ff.
  – Beruf und Kind verein-
  baren 82f.
Kleidung 28f., 37f., 44f.
  –Kleider 29, 32f.
  – maßgeschneiderte Klei-
  dung 33f.
  – im Büro 37f., 44f.
Knigge 44f.
Kommunikation 71f., 75f.,
  78ff.
Komplimente 34f.
Kontaktanzeigen 54ff.
Kontakt halten 89f., 99f.,
  101f.
Kontakt knüpfen 47f., 52ff.,
  94ff., 102ff.
Korb, einen – erhalten 62f.,
  72

L

lächeln 25f., 94ff.
Liebeskummer 58f.

M

Mann 35, 50ff., 60f., 67f.,
  78ff., → auch Kommuni-
  kation
  – den richtigen Mann
  finden 51f.
  – Männer und Kompli-
  mente 35
  – Welcher Mann passt zu
  Ihnen? 51f.
Mentoring 46f.

Misserfolge → aus Misser-
  folgen lernen 14f., → Erfolge
Mr. Right → Mann

N

Networking 40ff., 88ff.
Nia 116f.

O

Onlinedating 54ff.
Orgasmus 69

P

Projekte 13f.
Pünktlichkeit 8f., 21ff.

R

Ratschläge 7f.
Rituale 86ff.

S

Schadenfreude 150ff.
Sexercises 140f.
Sex-Appeal 60f., 111f.
Smalltalk 25ff.
SMS 90f.
Souveränität → Auftreten
spielen 110f., 118f.
streiten 12f., 98
Stress 80f., 123ff.

T

tanzen 111ff.

V

Veränderung 10f., 18f.
Verantwortung übernehmen
  8ff., 43
vergeben 92f.

W

Weiterbildung 49f., 98f.
W-Fragen 27f.
Wissen 41, 49, 98f.
Wunschzettel 104f.

Impressum

Programmleitung:
Christof Klocker
Leitende Redaktion:
Anita Zellner
Redaktion:
Esther Szolnoki
Lektorat:
Nina Weber, Essen
Coverillustration und Innenillustrationen:
Isabelle Follath/if illustration
Umschlaggestaltung und Layout:
independent Medien-Design
Herstellung:
Renate Hutt
Satz:
Uhl + Massopust, Aalen
Repro:
Longo AG, Bozen
Druck und Bindung:
Druckhaus Kaufmann, Lahr

Umwelthinweis

Dieses Buch wurde auf chlorfrei gebleichtem Papier gedruckt. Um Rohstoffe zu sparen, haben wir auf Folienverpackung verzichtet.

Wichtige Hinweise

Die Beiträge in diesem Buch sind sorgfältig recherchiert und entsprechen dem aktuellen Stand.
Abweichungen, beispielsweise durch seit Drucklegung geänderte Preise, Gebühren, Anlageentwicklungen, Internetadressen etc., sind nicht auszuschließen. Weder die Autorin noch der Verlag können für eventuelle Nachteile oder Schäden, die aus den im Buch gegebenen praktischen Hinweisen resultieren, eine Haftung übernehmen.

ISBN
978-3-8338-0872-2
1. Auflage 2008

Ein Unternehmen der
GANSKE VERLAGSGRUPPE